Hessenslam
Das Buch

HESSEN slam
DAS BUCH

HERAUSGEBER: **TILMAN** DÖRING
UND **MARVIN** RUPPERT

Lektora

Die Herausgeber

Tilman Döring (*1989) ist Darmstädter Autor und einer der jüngsten alten Hase der Poetry-Slam-Szene. Er ist vielfach ausgezeichnet, in diversen Anthologien und Schulbüchern vertreten und veranstaltet mehrere Poetry Slams und Kleinkunstreihen in Südhessen, u.a. in Darmstadt. Nebenbei studiert er Kreatives Schreiben in Hildesheim und mag alle Wörter, die mit T anfangen.
www.tilmandoering.de

Marvin Ruppert (*1985) ist Autor, Büchermacher und Psychologe. Er lebt in Marburg und Würzburg, kann stricken und Schwedisch sprechen, hat kürzlich einen Kurzgeschichtenband veröffentlicht und ist dreimal hessischer Poetry-Slam-Meister geworden. Früher hatte er mal lange Haare. Jetzt nicht mehr.
www.marvinruppert.de

Erste Auflage 2014

Alle Rechte vorbehalten
Copyright 2014 by

Lektora GmbH
Karlstraße 56
33098 Paderborn
Tel.: 05251/6886809
Fax: 05251/6886815

Druck: Standartu spaustuve, Vilnius

Konzept: Tilman Döring & Marvin Ruppert
Covergestaltung: Silke Beneke
Layout & Satz: Marvin Ruppert

Printed in Lithuania

ISBN: 978-3-95461-028-0

INHALT

Vorwort der Herausgeber 7
Grußwort 10

Die Champions **13**

Marvin Ruppert: Looking for Freedom 14
Almuth Nitsch von Kerry:
   Talibanhochhausbombenaraberflugzeug 18
Bleu Broode: Das traurige Leben des Hans Modersohn . . 21
Saba Zere: Die Kunst des Verlierens 27
Theresa Hahl: Das Heidelbeermal 30
Steffis Vorschlag: Schöne Menschen 34
Julia Balzer: Gedankenbrei 39
Jule Weber: Sagen, denken, meinen 44
Lars Ruppel: How to Wetterau 49
Samuel Kramer: Fünf Hüte 53

Die Classics **57**

Aaron Schmitt: Windspiel 58
Alex Dreppec: Aphrodite du Granate 63
   Libelle 64
   Unterführung 65
Bo Wimmer: Der Kneipenschreiber 66
Dalibor Marković: Sporttext 70
Dirk Hülstrunk: Korruptes Gedicht 76
Dominique Macri: einfach nur 78
Egon Alter: Die Genesis-Reklamation 83
Etta Streicher: haut 86
Felix Römer: Zu tief zum Schwimmen 92
Jens Jekewitz: Wiesbaden 94

Martin Sieper: Am Heiligen Abend 97
Peter Janicki: Dies ist ein alberner Text –
   ich widme ihn allen Albanern 102
Stefan Dörsing: Techno-Gedicht 106
Telhaim: Parkbankimpressionen 108
Tilman Döring: wir sind nichts als 110

Die Starter. 113

Benedict Hegemann: Grübchen 114
Felix Lobrecht: Spürt ihr das? Weihnachten. 118
Surya Biede: Herz über Kopf. 121
Dominik Rinkart: Spaziergang 124
Florian Cieslik: Jenseits von Edeka 127
GAX (Axel Gundlach): Abschied am Morgen 130
Nils Früchtenicht: Du bist ein Hafen 136
Jakob Kielgaß: Manifest für den Moment 139
Tanasgol Sabbagh: Ey Iran 141
Christian Offe: Am schlimmsten für die Freunde. . . . 144
Marco Michalzik: Zufriedenheit 148
Tabea Reinelt: Farben und Gefühl 152
Lena Noske: Heimwehland 156
Leticia Wahl: Farben 159
Jean Ricon: Sepia 164
Artur Nevsky: Die letzte Schlacht 168
Robin Baumeister: Zahnräder und Schräubchen 170
Nesh Vonk: Lyriktagebuch /// 18.11.2012 175
Jey Jey Glünderling: Hollister. 179
Weitere Starter 183

Die Slams 185

VORWORT DER HERAUSGEBER

20 Jahre Poetry Slam in Deutschland, 20 Jahre Poetry Slam in Hessen. Selbstverfasste junge Literatur, experimentelle Lyrik, knallige Prosa, Greifbares und Ungreifbares in gefühlten fünf Minuten Bühnenzeit füllen immer mehr Kneipen, Theater und Veranstaltungshallen. Seit Jahren nun dürfen auch wir uns Teil dieser Geschichte nennen, die wir in diesem Buch erzählen wollen.

Marvin: Wie lange machst du eigentlich schon Slam? Wir könnten unser Slam-Alter addieren. Bei mir sind's sechs Jahre.
Tilman: Seit 2004. Zusammen sind wir sechzehn. Slam ist schon zwanzig und wir hängen noch vor der Playstation, träumen von unserem ersten Mal und in unseren Zimmern hängen Plakate von Britney …
Marvin: Speak for yourself :p
Tilman: Haha, was hast du denn mit sechzehn gemacht? Nabokov gelesen? Oder warst du mehr so der Dostojewski-Typ?
Marvin: Nietzsche fand ich groß.
Tilman: Mit 16? Verarsch mich!
Marvin: Nicht dass ich viel verstanden hätte.

… jedenfalls dachten wir uns: Höchste Zeit, zwanzig Jahre Slam in Hessen mal für die Nachwelt festzuhalten. Alle Meister vergangener Hessenslams, all jene, die die Szene hervorgebracht hat und die sie im Gegenzug nachhaltig geprägt haben, alle jungen Talente 2014 …

Tilman: Du dachtest dir das, ich wollte immer BWL auf Lehramt studieren. Und jetzt sowas …

Marvin: BWL auf Lehramt? Gibt's doch gar nicht :p
Tilman: Jap! Und ein Standardwerk für Poetry Slam in Hessen auch noch nicht.
Marvin: Ah, so wird ein Schuh draus!
Tilman: Buch, Marvin, Buch! Bücher rocken! Bücher sind der neue Punk!

… feine Sache jedenfalls, dass für dieses Buch hier alle alten Meister, jungen Meister, Vorreiter und Jungspunde Texte ausgewählt und beigesteuert haben und es damit zu einem Längsschnitt durch die letzten zwanzig Jahre und einen Querschnitt durch Slam in Hessen 2014 machen!

Tilman: Du solltest mit Poetry Slam aufhören und beruflich Pressetexte schreiben.
Marvin: Mache ich sogar gelegentlich. Neben der Sache mit dem Schreiben, Auftreten, Moderieren, Lektorieren und so. Und Wäschewaschen. Wer hätte früher gedacht, dass man mal davon leben kann? Also nicht vom Wäschewaschen, sondern von dem Slam-Zeug und Drumherum? Und da gibt's ja inzwischen einige.
Tilman: Angeber! Wäschewaschen? Ernsthaft? Pfft! Aber weißt du, was geil wäre?
Marvin: Wenn ich endlich Nietzsche verstehen würde.
Tilman: Wenn sich jeder hessische Poetry Slam einmal selbst vorstellen und so richtig angeben könnte. Seit wann gibt es den Slam, was macht ihn besonders und so weiter. Wäre doch auch mal schick für das Publikum zu wissen, wo noch was geht, außer dem Stammslam, zu dem man nun seit 20 Jahren jeden Monat geht und noch keinen verpasst hat, weil der Moderator so schnuckelig ist, und man sich jeden Monat aufs Neue vornimmt ihn anzusprechen und sich dann aber doch wieder nicht traut …
Marvin: Blätter mal auf Seite 185 ;-)
Wolf Hogekamp: Nice, Dudes!

Tilman: Krass! Aber was macht Wolf Hogekamp hier?
Marvin: Wir haben ihn hier zu uns erfunden. Weil wir es können.
Tilman: Und voller Stolz können wir an dieser Stelle verkünden, dass wir keine größenwahnsinnigen Spinner sind, sondern du, geneigter Leser, gerade das Gesamtwerk der hessischen Poetry-Slam-Szene in der Hand hältst. Dafür möchten wir uns nicht nur bei dir, der dieses Buch gekauft hat, bedanken, sondern auch bei allen Förderern des Hessenslams 2014 in Darmstadt und Lorsch, insbesondere bei Oberbürgermeister Jochen Partsch und der »Respekt! – Kein Platz für Rassismus«-Initiative, ohne die dieses Werk niemals hätte entstehen können. Jetzt bedank du dich noch bei allen beteiligten Slammern und Slams und dann ist fix ...
Marvin: Ich möchte mich noch bei allen beteiligten Slammern und Slams bedanken, und natürlich auch bei dir, lieber Leser! Sehen wir uns beim nächsten Slam?
Tilman: Wo denn?

Viel Spaß wünschen die Herausgeber
Tilman Döring & Marvin Ruppert

GRUSSWORT

»In der Nähe der Fehler wachsen die Wirkungen.«
B. Brecht

Mutig treten die Poetry-Slammer vor ihr Publikum, das sich impulsiv und begeisterungsfähig ihren Wortkünsten hingibt. Eine Prise griechischer Dichterwettstreit der Antike, etwas Homer und Petrarca, gewürzt mit mittelalterlichem Minnesang, durchzogen von Shakespeare, abgeschmeckt mit einem Hauch Bob Dylan und obendrauf noch einen Löffel Dadaismus – danach ist dann doch alles zusammen immer noch mehr als die Summe seiner Teile, eben: Poetry Slam. Die Kunstform, die der Lyrik gerade noch gefehlt hat.

Die Wissenschaftsstadt Darmstadt ist ein Ort, an dem Sprache und Wortkunst spätestens seit Georg Büchner und Ernst Elias Niebergall eine bedeutende und lebendige Rolle spielen. Mit der Deutschen Akademie für Sprache und Dichtkunst oder dem Leonce und Lena Preis als renommiertestem deutschen Lyrikwettbewerb wird das aktuell gehalten. Aber auch für die relativ junge Kunstform des Poetry Slam können sich die Darmstädter regelmäßig und in großer Zahl begeistern und so hat sich unsere Stadt inzwischen auch hier zu einer Hochburg entwickelt.

Als Oberbürgermeister dieser Stadt der Sprachkünste freue ich mich auf die jungen Wilden, die unsere Sprache abstauben und ihr ihren Charme und ihren Witz, ihr Drama und ihre Frische zurückgegeben haben. Diesmal ist das große Finale sogar im Staatstheater – sag dem Abenteuer, dass wir kommen …

Allen zusammen wünsche ich viel Spaß und gute Unterhaltung beim Wettkampf mit den Wörtern und um die Publikumsgunst. Der Initiative »Respekt! – Kein Platz für Rassismus« sowie der Sparkassen-Kulturstiftung Hessen-Thüringen danke ich für Ihre Unterstützung.

Jochen Partsch
Oberbürgermeister Darmstadt

DIE CHAMPIONS

Alle Gewinner bisheriger Hessenslams in chronologischer Reihenfolge

CHAMPION 2009/2012:
MARVIN RUPPERT

LOOKING FOR FREEDOM

»Ey Alter, du musst unbedingt auf andere Gedanken kommen, komm mit aufs Festival nächste Woche, das wird geil, Sternenhimmel, saufen, ficken und in die Büsche kacken und so!«

Sagt Lisa.

Ein Satz, der nicht so recht passen will zu dem zierlichen, blonden Mädchen mit der zarten Stimme, das mir gegenübersitzt und kaum das allgemeine Gemurmel in der Mensa übertönen kann.

Ich zögere. Meine Schildkröte ist vor kurzem verstorben und »andere Gedanken« ist wirklich ein guter Gedanke. Andererseits erinnert mich Sternenhimmel immer an meine Schildkröte und außerdem weiß ich auch nicht, ob Lisa bloß nett sein will, oder ob sie es wirklich ernst meint.

»Ich mein's wirklich ernst«, sagt sie. »Tim ist abgesprungen, wir haben noch 'ne dritte Karte übrig, und nur zu zweit mit meinem *Freund* hinzufahren hab ich auch keinen Bock.«

Sie sagt immer »mein *Freund*«, wenn sie über ihn spricht, auch wenn er, wie jetzt gerade auch, direkt neben ihr sitzt. Tatsächlich kennt niemand in unserem Freundeskreis seinen Namen, weil Lisa ihn von Anfang an nur als »mein *Freund*« vorgestellt hat und irgendwann keiner mehr nachfragen wollte. Also nennen wir ihn auch einfach nur »Lisas *Freund*«, was nebenbei bemerkt auch seine herausstechendste Eigenschaft ist.

»Komm schon«, sagt Lisa, »allein daheimsitzen und trauern macht deine Schildkröte auch nicht wieder lebendig!«

Festival, Donnerstagabend

»Das ist Ruben, er will meinen Körper bemalen, Bodypainting und so!« Lisa steht neben einem breitschultrigen, braungebrannten Recken und grinst. Er trägt Gummistiefel. Auf dem linken steht in Edding-Handschrift »links«, auf dem rechten »rechts«.

»Hallo«, sagt er.

»Hallo«, sage ich.

»Hallo«, sagt Lisas *Freund*, dann verschwinden Lisa und der Bodypainter im Zelt.

»Will der sie jetzt im Zelt bemalen?«, frage ich. Lisas *Freund* raucht, starrt in den Sternenhimmel und sagt nichts. Überhaupt ist er ziemlich still geworden, seit Lisa auf der Hinfahrt beschlossen hat, für die Dauer des Festivals eine offene Beziehung zu führen.

Ich rauche und starre in den Sternenhimmel, der mich an meine verstorbene Schildkröte erinnert. Ich hatte ihr – vergebens – versucht beizubringen, mir morgens Kaffee zu kochen und ans Bett zu bringen.

Unsere Zeltnachbarn nennen sich »Die Metalfranken« und sind hier irgendwie ganz falsch. Sie haben einen Baum gefällt, den Stamm aufgerichtet und ein hämisch grinsendes Antlitz von David Hasselhoff hineingeschnitzt. Aus ihrem Auto tönt »Looking for Freedom« auf repeat.

Freitagabend

»Das ist Claas, er hat auf einem Klappstuhl vor den Dixi-Klos gesessen und 'ne Zehn hochgehalten, als ich rausgekommen bin!« Lisa grinst. Claas trägt auch Gummistiefel. Auf dem linken steht in Edding-Handschrift »rechts«, auf dem rechten »links«.

»Hallo«, sagt er.

»Hallo«, sage ich.
»Hallo«, sagt Lisas *Freund*, dann verschwinden Lisa und der Dixi-Juror im Zelt.
»Will der sie jetzt im Zelt bewerten?«, frage ich. Lisas *Freund* raucht, starrt in den Sternenhimmel und sagt nichts. Ich muss wieder an meine verstorbene Schildkröte denken, die es tatsächlich fast gelernt hatte, mir morgens Kaffee zu kochen und ans Bett zu bringen. Hätte ich ihr doch bloß noch ein bisschen mehr Zeit gegeben.

Der David-Hasselhoff-Totempfahl der »Metalfranken« grinst noch hämischer als gestern in unsere Richtung und aus ihrem Auto lärmt »Looking for Freedom« auf repeat.

Samstagabend
»Das ist Helene, sie kann gleichzeitig gähnen und rülpsen!« Lisa grinst, das Mädchen neben ihr gähnt und rülpst. Sie trägt einen Gummistiefel, auf dem »Flip-Flop« steht und einen Flip-Flop, mit dem sie auf dem Boden steht.
»Hallo«, sagt sie.
»Hallo«, sagt Lisas *Freund*.
»Huh«, sage ich, dann verschwinden Lisa und das rülpsende Mädchen im Zelt.

Lisas *Freund* raucht, starrt in den Sternenhimmel und sagt nichts. Ich muss schon wieder an meine verstorbene Schildkröte denken, die es streng genommen sogar gelernt hatte, mir morgens Kaffee zu kochen und ans Bett zu bringen – wenn man diese Plörre denn Kaffee nennen konnte.

Die »Metalfranken« tanzen nackt um den David-Hasselhoff-Totempfahl und schwenken Gießkannen. Aus ihrem Auto dröhnt »Looking for Freedom« auf repeat.

Sonntagabend
»Das ist Helga, sie ist nett«, sagt Lisas *Freund* lächelnd. Das Mädchen neben ihm lächelt auch. Sie trägt keine Schuhe. Auf ihren Füßen steht »Fest auf dem Boden«.

»Hallo«, sagt sie.
»Hallo«, sage ich.
»Hallo«, sagt Lisa, dann verschwinden Lisas *Freund* und das nette Mädchen im Zelt.

Lisa raucht, starrt in den bewölkten Himmel und sagt: »Ich glaub, ich mach Schluss.«

Bier, Schweiß und Urin streiten sich um die olfaktorische Vorherrschaft über den Zeltplatz. Die »Metalfranken« haben den David-Hasselhoff-Totempfahl gefällt und zerhackt und seine Gesichtszüge weiträumig über das Gelände verteilt. Aus ihrem Auto tönen Versuche, es anspringen zu lassen. Auf repeat.

Ich denke mir: »Gut, dass man heute keine Sterne sehen kann, sonst müsste ich wieder an meine verstorbene Schildkröte denken« und muss wieder an meine verstorbene Schildkröte denken. Seit ich vor vier Wochen morgens einen Wutanfall wegen des schlechten Kaffees hatte, an dessen Verlauf ich mich nicht genau erinnern kann, ist sie verschwunden. Kurze Zeit später brachte mir der kleine Junge vom Asiarestaurant nebenan einen ausgehöhlten Schildkrötenpanzer vorbei und das Restaurant hatte »nur für kurze Zeit: nichtvegetarische Überraschungssuppe« auf der Karte. Der Panzer war mit sternförmigen Löchern und einer Glühbirne im Innern versehen und projiziert nachts einen Sternenhimmel an die Zimmerdecke. Seitdem schlafe ich wie ein Baby, aber was habe ich schon davon, meine Schildkröte macht das auch nicht wieder lebendig.

U20-CHAMPIONESS 2009:
ALMUTH NITSCH VON KERRY

TALIBANHOCHHAUSBOMBEN-ARABERFLUGZEUG

Am 9. November wurde es zu Grabe getragen. Der Himmel war grau. Es regnete ab und zu. Auch ohne seinen Tod wäre man trübsinnig gewesen. Es war ein bedeutungsschwerer Tag. 58 Jahre. 1949 bis 2007. Ein paar Jahre hat es schon auf dem Buckel gehabt. Das Fernmeldegeheimnis.

Wie mache ich eigentlich einen Überwachungsstaat?

Zwischendurch ist auf der ganzen Welt immer mal wieder das Gerücht aufgekommen, es gebe einen Klimawandel. Aber hat davon je jemand etwas gespürt? Ja, sagst du – seit ein paar Jahren gebe es keinen Schnee mehr und die ersten Knospen fangen schon im Januar an zu sprießen. Bist du dir da so sicher, weil du es am eigenen Leib spürst? Oder weil die Medien dir einreden, dass es keinen Schnee mehr und Knospen schon im Januar gibt? In Wirklichkeit ist das alles nämlich eine riesige Verschwörung, um von der schleichenden Islamisierung Europas abzulenken. Ja, sagst du, das hättest du auch schon festgestellt. Seit ein paar Jahren müssest du im Bus immer stehen, weil die Türken die Sitze zupflasterten, und Arbeitsplätze seien dir auch alle weggenommen worden. Unsere liebe Presse hat das, Gott sei Dank, auch schon festgestellt: Kriminelle Ausländer verprügeln den ganzen U-Bahn-Inhalt! Dicke, faule Ausländer essen unsere Arbeitsplätze auf! Alle Ausländer sind Maulwürfe – sie untergraben unsere Politik, unsere Gesellschaft und unsere Kultur! Außerdem sind sie alle schlimme Terroristen. Das sieht man daran, wie viele Flugzeuge über Großstädten unterwegs sind und nur darauf warten, sich auf Hochhäuser zu stürzen. Man sieht: Wir brauchen dringendst effektiven Schutz. Die ultimative Lösung lautet: Wir überwachen alles! Eure Handys, eure Telefone, euer Internet. Weil ihr könntet ja alle kleine Terroristen sein. Jede SMS, die ihr schreibt, jede E-Mail und jedes Gespräch werden gespeichert. Mit Ort, Datum und Zeit. So macht man einen Überwachungsstaat.

Der Mensch wird als Terrorist geboren, entweder er bleibt dabei oder er wird Politiker. Ärzte sind Terroristen und tauschen mit ihren Patienten regelmäßig Anschlagspläne aus. Anwälte sind Terroristen und es gehört sofort aufgedeckt, was ein Mandant wann gesagt hat.

Und ich, ich bin auch einer. *Bombe, Bombe, Taliban, Bush, Hochhaus, Bombe, Taliban, Taliban, Türken, Flugzeug, Hochhaus, Araber, Briefbombe, Bushbombe, Hochhausbombe, Bombe, Bombe.*

Aus diesem Grund werde ich auch überwacht – *Bombe.* Also noch mehr als ihr alle – *Bombe.* Gegenüber von meinem Haus – *Taliban* – steht ein Auto – *Bush.* Schwarz mit schwarzem Kerl drin – *Hochhaus.* Sie wechseln sich halbtägig ab – *Bombe.* Es sind nicht mehr als fünf verschiedene – *Taliban, Taliban.* Und wenn ich nachts spät nach Hause laufe, dann hab ich keine Angst verprügelt zu werden – *Türken.* Von fiesen Nazikotzfressen am Bahnhof – *Flugzeug.* Denn die schwarzen Kerls sind ja immer da und passen auf – *Araber.* Passen auf, dass ich in kein Flugzeug steige und es in die Luft jage – *die Guten.*

Ich habe noch nicht versucht zu verreisen, seit ich überwacht werde. Vielleicht will ich auch gar nicht. Ich meine, im Sommer, da am Strand, sind sowieso viel zu viele Ausländer.

Mein Telefon wird überwacht. Sie hören alle meine neuen Pläne – *Bombe, Bombe, Taliban, Bush, Hochhaus, Bombe, Taliban, Taliban, Türken, Türkenbombe, Türkentaliban, Türkenhochhaus.* Wenn ich mit meinen Komplizen telefoniere: Ja, dann als nächstes das große Gebäude in Berlin – ich weiß, davon gibt's viele – das gegenüber der Alten Feuerwache. Ja, ja, da wo Springer draufsteht, genau – *Bombe* – ja richtig. Bis dann! Oder: In einer Woche in Paris, ja. Wir treffen uns am höchsten Punkt der Stadt. Aber drunter eben. Ja, richtig – Eifelturm, so heißt das – *Bombe?* Ja. Ja ja, das klimpert bestimmt hübsch und danach suchen wir eine Alteisenentsorgung und werden reich. Ach, das wird schön – ja gut, dann bis später.

Und irgendwann werden die schwarzen Autos mit den schwarzen Kerls drin mehr. Dann verhält man sich eine Weile unauffällig und dann werden es auch wieder weniger.

Eigentlich sind gläserne Bürger was Schönes. Es macht nichts, wenn sie im Weg stehen. Bei Fotos zum Beispiel. Man kann ja durchschauen. Gut, wenn so ein Bürger mal runter fällt, wird's problematisch. Aber es gibt ja Gott sei Dank über 81 Millionen davon. Und ansonsten ist er auch nicht mehr so anfällig. Wenn man ihn mit Schwachsinn berieselt, perlt es ab.

Und der Staat freut sich. Auf jeden Fall werden dank ihm alle bösen Terroristen gefasst. Dank unseres tollen Staates, der sich tolle Gesetze ausdenkt. Schön auch, dass es fast nichts kostet und der Staat bis auf die ganzen Kameras, die Festplatten zum Speichern von Daten und den ganzen schwarzen Autos mit den schwarzen Kerls drin nichts zahlen muss. Aber das machen ja die guten Steuerzahler. Denn die haben alle Angst vor Terroristen. *Bombe, Bombe, Taliban, Bush, Hochhaus, Bombe, Taliban, Taliban, Türken, Flugzeug, Hochhaus, Araber, Araberbombe, Araberflugzeug, Araberhochhaus.*

Am 9. November wurde es zu Grabe getragen. Der Himmel war grau. Es regnete ab und zu. Auch ohne seinen Tod wäre man trübsinnig gewesen. Es war ein bedeutungsschwerer Tag. 58 Jahre. 1949 bis 2007. Ein paar Jahre hat es schon auf dem Buckel gehabt. Das Fernmeldegeheimnis.

CHAMPION 2010:
BLEU BROODE

DAS TRAURIGE LEBEN DES HANS MODERSOHN

In einem Flugzeug einer deutsch-türkischen Billigfluglinie. Ein Mann, eine Frau.

»Guten Tag.«

»Guten Tag.«

»Fliegen Sie zum ersten Mal?«

»Nein, nicht das erste Mal. Vielleicht das dritte oder vierte Mal, um genau zu sein. Und Sie?«

»Für mich ist es das erste Mal.«

»Haben Sie Flugangst?«

»Ich hoffe nicht.«

»Was heißt ›*ich hoffe* nicht‹?«

»Na, ich kann es ja noch nicht wissen, oder?«

»Aha.«

»Und was macht man jetzt so beim Fliegen?«

»Wie meinen Sie das?«

»Na, welche Haltung ist die richtige? Muss ich die Zunge an den Gaumen pressen, um nicht drauf zu beißen? Das Zeug mit dem Handy und so weiter.«

»Ach, das sind doch alles nur Gerüchte. Machen Sie einfach das, wozu Sie Lust haben.«

»Wollen wir küssen?«

»Wie bitte?«

»Nichts.«

»Aha.«

»Und wohin fliegen Sie?«
»Nach Istanbul. Und Sie?«
»Ich muss noch weiter nach Ankara.«
»Mit dem Flugzeug?«
»Mit dem Bus.«
»Aha.«
»Und was machen Sie?«
»Also beruflich jetzt?«
»Wenn Sie so wollen.«
»Also ich bin überwiegend schön. Was anderes habe ich nie gelernt.«
»Aha. Und – kann man davon leben?«
»In gewisser Weise schon. Aber es gibt gewisse Grenzen.«
»Meinen Sie, ich habe Potential?«
»… aha.«
»Und was machen Sie in Istanbul?«
»Meinen Freund unterstützen.«
»Was macht denn Ihr Freund?«
»Er ist Spezialist für künstliche Hüften und Gelenke. Prothesen aller Art. Wir gehen dort zu einer Messe. Und ich stelle mich hin und bin schön. Das zieht die Leute an.«
»Wie kann man sich das vorstellen?«
»Mein Freund hat sich auf Biogelenke spezialisiert. Früher waren wir als Organhändler tätig, aber dann haben wir Probleme mit ein paar Vegetariern bekommen. Alle Prothesen und Gelenke meines Freundes sind 100% organisch und werden nach dem Tod von Organismen zersetzt. Sie können sich ja gar nicht vorstellen, was Friedhofsgärtner da manchmal für einen Mist umgraben. Schlimmer als beim Angeln auf Sizilien. Und Sie? Was führt Sie nach Ankara?«
»Wollen wir uns duzen?«
»Na gut.«
»Ich heiße Hans Modersohn.«
»Angenehm, ich bin Vanilla Knuspeldumm. Nun?«

»Ja?«
»Sie, was machen Sie in Ankara?«
»Wollen wir küssen?«
»Was?«
»Nichts. Ich plane einen Anschlag auf eine Moschee. Die Kocatepe-Moschee, die größte Moschee Ankaras.«
»Aha.«
»Ich weiß, das sind große Pläne für einen kleinen Mann. Aber nicht auf die Größe kommt es an, sondern auf den Willen.«
»Ist das so?«
»C'est vrai.«
»Oh, quelque chose. Sind Sie also einer dieser Selbstmordattentäter?«
»Ja.«
»Aha. Komisch. Ich habe mir die immer ganz anders vorgestellt. Gewissermaßen produzieren Sie ja für uns.«
»Wie das?«
»Na ja, wir ersetzen die Gelenke, die Sie zersetzen. Vielleicht ließe sich da ja eine Zusammenarbeit arrangieren.«
»Ich bin Selbstmordattentäter.«
»Aha. Ach ja.«
»Wollen wir küssen?«
»Sie Scherzbold, ich habe doch einen Freund. Außerdem, die Maschine startet gerade, da lässt es sich schlecht küssen. Dafür braucht man ruhige Lippen.«

Die Maschine startet.

»Und wie kommt man dazu, Selbstmordattentäter zu werden? Sind Sie überhaupt Moslem? Und wieso wollen Sie Ihre eigene Moschee sprengen?«
»Ich bin Christ. Auch wir können selbstmordattentätern. Das ist doch nicht bloß den Moslems vorbehalten. Macht bloß keiner.«

»Aber kommen Sie dann nicht in die Hölle? So als Selbstmörder?«

»Ach, die Hölle. Für den Notfall habe ich mir bei eBay ein paar Ablassbriefe ersteigert. Übrigens, bei uns in der Gemeinde kann man jetzt auch Treuepunkte sammeln. Für jede Mark in den Klingelbeutel einen. Und zusätzlich einen pro Gottesdienst. Taufen und Konfirmationen zählen doppelt. Ab einer gewissen Anzahl von Punkten bekommt man Heiligenstatus. So hat Papst Johannes Paul das damals gemacht. Ein treuer Kirchgänger. So als Papst.«

»Es gibt ja diesen Witz. Kennen Sie den?«

»Der, wo Jesus am Kreuz hängt und Petrus ruft? Und Petrus will zu ihm und wird auf dem Wege von den Wachen aufgehalten und zusammengeschlagen und er schafft es nicht, aber Jesus ruft ihn immer wieder, bis er endlich zu ihm gelangt und Petrus ganz erschöpft und fertig fragt: ›Mein Herr, mein Bruder, was gibt es denn?‹ Und Jesus antwortet: ›Petrus, sag mal Klettergerüst!‹ Und dann sagt Petrus ›Klettergerüst‹, na, und Jesus sagt: ›Hast 'ne nackte Frau geküsst!‹?«

»Hihi. Nein, den meinte ich nicht. Der ist aber auch witzig.«

»Welchen meinten Sie denn?«

»Na, den mit der Sünderin. Es gibt doch dieses Kapitel in der Bibel, wo eine Sünderin gesteinigt werden soll. Na, und dann stehen alle im Kreis um sie herum und wollen schon werfen, doch da tritt Jesus zu ihr und sagt: ›Wer von euch ohne Sünde ist, der solle den ersten Stein werfen!‹ Und dann schauen sich alle ganz bedrückt an, jeder hat ja schon mal gesündigt, nicht wahr? Und da nimmt Jesus selbst einen Stein und wirft ihn auf die Frau. Hihi. Weil er ja ohne Sünde ist. Hihi. Und dann wird die Frau gesteinigt. Hihi. Sagen Sie, was erhoffen Sie sich eigentlich von dem Anschlag? Werden Sie belohnt im Himmel?«

»Ach, wissen Sie, ich bin ein genügsamer Mann. Was erhofft man sich schon? Die Muslime, ja, die werden laut Koran von 70 Jungfrauen im Paradies empfangen. Aber, ach, da mach ich mir nichts draus. Mir langt gelegentliches Küssen.«

Das Flugzeuge hält an, damit einige Passagiere aussteigen können. An der Tür entsteht Gedrängel. Eine Weile verstreicht. Vanilla fallen die Augen zu.

»Vanilla? Mögen Sie Superhelden? Vanilla?«

»Was ... oh, entschuldigen Sie, ich habe geschlafen, ich muss eingenickt sein.«

»Bleiben wir beim Du. Magst du Superhelden, Vanilla?«

»Nun, ich kann nicht sagen, dass ich mich da sonderlich auskenne.«

»Ich habe einmal versucht, ein Superheldencomic zu schreiben, aber irgendetwas ist nicht gelungen. Da ist zum Beispiel Britta Hanson. Interessiert Sie das überhaupt, Vanilla?«

»Reden Sie weiter.«

»Britta Hanson, mit der Superheldenfähigkeit, dass sie nicht nach oben schauen kann.«

»Wie Schweine?«

»Können die das auch nicht?«

»Ja, Schweine können nie den Himmel sehen, es liegt an der Krümmung ihrer Wirbelsäule.«

»Oh, das wusste ich nicht. Dann nenne ich sie vielleicht – Pig-Woman. Jedenfalls gibt es dann noch zwei weitere Helden: Cat-Stevens-Man, Sie können es sich denken, er kann alle Cat-Stevens-Lieder auswendig. *Morning Has Broken, Father and Son,* das ganze Programm. Auch die allerneuesten. Ich habe überlegt, ihn später böse werden zu lassen, weil Cat Stevens ist doch zum Islam konvertiert. Er heißt jetzt Yussuf Islam. Das könnte mein Superheld dann auch werden, er macht die Verwandlung quasi mit: Yussuf-Islam-Man, der böse Moslem.«

»Und Ihr vierter Held?«

»Richtig, das ist Gottesanbeterman. Seine Superheldenfähigkeit ist es, dass er nach dem Sex gegessen wird. Wissen Sie nur, wo das Problem liegt, Vanilla?«

»Wo denn?«

»Diese Superhelden sind alle total scheiße, mit ihnen kann man niemals einen Schurken besiegen. Stellen Sie sich vor, James Bond wäre nach dem Sex gegessen worden, wie viele Filme uns erspart geblieben wären!«

Weniger als eine Stunde später landet das Flugzeug. Vanilla wird von ihrem Freund abgeholt und sieht sehr schön aus auf der Messe.

Hans Modersohn fuhr nach Ankara und rammte sich dort auf offener Straße einen Krummsäbel in den Bauch. Bei diesem feigen Anschlag auf das muslimische Volk kam ein Mensch ums Leben. Ein weiterer wurde verletzt. Cigdem Tekin rutschte, als sie Hilfe für den Sterbenden holen wollte, aus, knickte um und verstauchte sich den Knöchel. Aufgrund der daraus resultierenden einseitigen Wirbelsäulenbelastung brauchte sie Jahre später ein künstliches Hüftgelenk. Cigdem Tekin war Vegetarierin. Zum Glück fand sie eine Hüftgelenkserie, die dies berücksichtigte.

U20-CHAMPIONESS 2010:
SABA ZERE

DIE KUNST DES VERLIERENS

Die Kunst des Verlierens ist mein Schauspiel des Tages. Es ist das Drama von Stürzen und Fällen von Blitzen – ganz hellen, von Stößen und Kratzern, von riesigen Patzern.

Mein Leben ist die Bühne und ich hab keine Ahnung, was sich auf ihr abspielt.

Denn selbst beim Freestylen gelingt es mir, die Kontrolle zu verlieren. Und mein Kopf ist nur Deko, also kann ich nicht kapieren, dass mein Leben eine Nebenrolle ist und mal eben ihren Text vergisst.

Doch halb so schlimm, ich häng am Tropf. Ich sitze still, mach mir keinen Kopf.

Denn zweite Geige spielen macht sogar Spaß. Der Text bleibt immer kurz – ich hab das halbvolle Glas. Die Zeit vergeht im Trott Trott. Die Infusion macht »tropf tropf«.

Akt eins beginnt und die Hauptrolle betritt die Bühne. Meine Ohren sind gespitzt, da ich für deine Fehler sühne. Meine Augen tanzen den Schwummertanz.

Ich sehe nichts
Ich bin nicht ganz
Ich bin nicht halb
Ich bin nur dein

Mein Einmaleins wird zu keinmal dein und mein Alphabet kommt mal für dich zu spät.

Wenn du das Wort nicht draufhast. Den Ort dafür hast du verpasst.

Ich suche Worte und finde sie auch, ich sammle sie auf, doch du sprichst sie dann aus.

In einer Monotonie, die selbst mir noch nie bekannt war.

Doch das Schlimmste an der ganzen Sache ist, dass du hier das Sagen hast.

Denn mir fehlt das Wort. Ich habe es dir gegeben.

Ich lass fallen und lass mir gefallen. Ich blicke auf, doch erblicke nie ein Licht. Und letztlich scheiß' ich sogar drauf, doch verlier trotzdem mein Gesicht.

Denn du bist der Maler und ich bin die Leinwand. Du bist das Buch und ich bin dein Einband.

Ich verliere mich Tag für Tag für Tag in dir.

Wir schließen Wetten – ich bin dafür und du bist dagegen. Und jedes Mal bin ich dabei abzuwägen, wer die besseren Chancen hat.

Doch es ist und bleibt ein Kampf, auf einen Gewinn zu hoffen, denn ich bin verloren.

Der Hammer hat es auf den Nagel getroffen.

Aber trotzdem steh ich auf, die Infusion ist leer, es tropft kein Tropfen mehr.

Das Drama nimmt seinen Wendepunkt. »Das kann doch nicht gesund sein«, höre ich Stimmen sagen. Doch wenn du alles verloren hast, darfst du doppelt so viel wagen.

Und ich kann gehen. Und jeder Schritt, jeder Blick in ein neues Gesicht, ist das, was ich sehen kann und Nebenrollen nicht.

Ja, ich sehe das, was du nicht siehst und das ist viel.
Und ich sage das, was du nicht liest und das ist viel.
Ja, ich trage Strass, wie du ihn liebst und das ist fies.

Ich kann sehen und fühlen und fassen, begreifen, es reifen die Wörter in meinen Gedanken, die Bilder, sie ranken um meine Geschichten, sie handeln vom Dichten und nicht vom Verlieren.

Und ich halte sie fest, ich halte sie fest.
Und ja ich sage, dass ich sie festhalte.

Denn Verlieren ist was für Schwummrigseher. Ich bin ein »A to the B to the C«-Verdreher.
 Und mein Motto ist Leben. Und wenn alles davor scheiße war, dann mach 'nen Punkt und mach 'nen Absatz. Du bist Gold und das ein Ansatz. Du bist die Hauptrolle und die Bühne ist dein Platz.
 Denn die Uhr tickt und die Zeit beginnt uns aus den Fingern zu rinnen.

Die Zeit beginnt uns aus den Fingern zu rinnen.
Ja, die Zeit beginnt uns aus den Fingern zu rinnen.
Und ich rate, ja rate dir, wieder bei Null zu beginnen.

CHAMPIONESS 2011:
THERESA HAHL

DAS HEIDELBEERMAL ODER: PHILOSOPHIE AUF GARAGENDÄCHERN I

Neben den Gebäudetrassen,
auf den obersten Terrassen
eines Sonnenwindgefühls,
wo sich Ideen ganz gelassen
in den Sonnenwellen treiben lassen,
da saßen wir im Saumumschlag
eines sommerangewehten Tags.
In Phiolen uns'rer Köpfe
rieselte nur sehr leise Destillat
von Gedanken, die uns langten
für eine ganze Gegenwart;
zwei Motten starben einen
liebeshellen Neonleuchtreklametod
und an einer Kette baumelte ein überlesenes
»Nicht betreten Einsturzirgendwas«-Verbot.

So saßen wir ein lauwarmes Bier lang
dort im Sesamsonnenuntergang
und teilten dreiundzwanzig Tiefkühlheidelbeeren,
eine für jeden wunderbar verqueren Gedanken,
und ich begann dir zu erklären,
dass Wolkenschiffe Luftsprünge als Treibstoff tanken,

und die lassen sich dann ausbremsend bauchkitzeln
von Baumwipfeln beim Landen;
dass man, wenn man eine Idee aus der Luft greift,
dem Wind Drachenblut verabreicht,
für ein Seil, das durch Herbsttage streicht;
dass wir nur Tischkantenklavier spielen
an den Rändern der Wirklichkeit;
und dass Heidelbeerblau eigentlich
die Reinkarnation der Farbe ist,
die der Himmel verliert, wenn es regnet.

Ich hatte schon ganz blaue Lippen
(vom Heidelbeeressen)
und es knisterte in den Feldern,
von den Dingen, die wir noch zu sagen hätten.
Auf den Bernsteinstraßen
lagen Feuersprungfacetten,
um ein aufflackerndes Lächeln zu retten.

Doch du zogst wie Arsen aus deiner Lunge Atem,
in deinem Blick lagen Flecken,
auf deiner Zunge Tiraden
und dann begannst du dich zu beklagen.
Über die grüne Bionadenbourgeoisie,
FDP und Bubbletea,
lethargiegelähmten Lemminglauf,
Kulturverschnitt im Ausverkauf,
Hippsterhypes und Fashionfarce,
heroindurchtränkte Teeniestars,
Britney, Bieber, Bendzko so
und weiteren et ceteras –

Dass du recht hast, weiß ich ja – eigentlich.
Aber …

»Nichts aber! An der Spitze dieses perfiden Pestilenzberges
sitzt eine Horde Affen,
die den Lohn ihrer Zeitarbeitssklaven
in Grundnahrungsspekulationen investiert
und mit ihrem Wirtschaftswaffenexportwohlstand
unseren Cocktailkonsum in sterilen Großraumdiskos
                                                legitimiert.
Also sag mir, Mondfuchsmädchen,
können Verdrängung und ein narzisstischer Heiligenschein
nicht viel süßer als 10 000 verdammte Blaubeeren sein?«

Da zerdrückte ich die letzte Heidelbeere
über deinem Nasenbein.
Auf deiner Stirn thronte nun,
zum ersten Schein der sternumwanderten Lampe,
das perfekte Hindiheidelbeersegenspunkttika,
wenn man je eines kannte.

Und als dein drittes Auge
blaubeerfarben zerlief,
so wie es die Schwerkraft verlangte,
hatte die Nacht alle Worte verbraucht,
obgleich die Gräser ihre Ohren spitzten,
ich sprang die zweieinhalb Meter vom Dach
und hab mir dabei vielleicht den Knöchel verstaucht,
du bliebst mit dem Heidelbeermal an der Dachkante sitzen.

Und ich griff auf dem Heimweg
eine Idee aus der Luft,
die in kein Wolkenschiff passt:

Dass du recht hast weiß ich ja – eigentlich,
weil all das wirklich gesagt werden muss,
doch das Placebo der verbitterten Idealisten
ist ein selbstgerechter Zynismus.

Denn man hat zwei gute Augen,
um die Welt zu betrachten:
eins für Heidelbeerhimmel,
eins um sie zu verachten.
Und man läuft Gefahr, dass man die Hälfte verpasst,
wenn man eines der beiden ständig geschlossen hat.

TEAM-CHAMPIONS 2011:
STEFFIS VORSCHLAG
(ALEX BURKHARD & MARVIN RUPPERT)

SCHÖNE MENSCHEN

Ich sitze im Wartezimmer meines Hausarztes. Ich mag meinen Hausarzt, ich bin gerne hier, und scheinbar geht es auch anderen so, denn das Wartezimmer ist voll.

Ich bin gerne hier, denn das Wartezimmer meines Hausarztes ist ein so schöner Ort, man kann so schöne Dinge erleben und man kann so wunderbar schöne Menschen kennenlernen. Da ist zum Beispiel die alte Dame mit der mobilen Gehhilfe, die immer an ihrem Hörgerät nestelt (»Ich verstehe das immer nich', wenn jemand was sagt!«), oder das Rentnerpärchen schräg gegenüber von mir, sie strickt und plappert, er flucht, beide warten, aber seit sie im Wartezimmer angekommen sind, ist noch niemand drangekommen.

»Zuzahlung! Nur an unser Geld wollnse! Nur an unser Geld!«

»Erich, du schwitzt ja schon wieder so, hör doch endlich mal auf zu schwitzen!«

»Diese verw...hurlosten Warensöhne! Mit meiner mickrigen Rente...«

»Und warum muss der Türke über uns, ach was, der Türke als solches, immer mit so viel Knoblauch kochen. Sach mir das, Erich, sach mir das bitte!«

»Obwohl ich die ganze Firma allein aufgebaut habe! Alles wech!«

»Und so viele Kinder immer, da hätten wir früher 'n Orden für gekriecht!«

Erich schlägt mit der Faust auf den Tisch, wo ein türkisches Kind gerade eine Firma aus Bauklötzen aufgebaut hat, die in sich zusammenstürzt.
»Erich!«
»Mit meinen eigenen Händen!«
»Erich, dein Herz!«
Die alte Dame mit der mobilen Gehhilfe wirft ein: »Ich verstehe das immer nich', wenn jemand was sagt!« Aber keiner sagt ihr, dass niemand etwas zu ihr gesagt hat, weil sie das wohl ohnehin nicht verstehen würde und sie dann sagen würde: »Ich verstehe das immer nich', wenn jemand was sagt!« Und dann würde ihr wieder keiner sagen, dass niemand etwas zu ihr gesagt hat, weil sie das wohl ohnehin nicht verstehen würde und sie dann wieder sagen würde: »Ich verstehe das immer nich', wenn jemand was sagt!«
Eine Zeit lang bin ich einfach so zu meinem Arzt gegangen, wenn ich schöne Menschen kennenlernen wollte, also ohne krank zu sein. Aber weil ich zu langsam bin, um spontan zu sein und zu gutherzig, um zu lügen, und ich deshalb erst recht nicht spontan lügen kann, hatte ich spätestens im Behandlungszimmer ein Problem:
»Guten Tag Herr Ruppert, was führt Sie zu mir?«
»Ich, äh, habe Husten.«
»Na dann husten Sie mal!«
»Ich, äh, kann nicht.«
»Warum nicht?«
»Ich, äh, habe keinen Husten.«
»Was?«
Auch die Gegenfragen-Taktik sah in meinem Kopf besser aus als im Behandlungszimmer:
»Hallo Herr Ruppert, wie geht es Ihnen?«
»Wie geht es *Ihnen*, Herr Doktor?«
»Danke, ganz gut, aber warum sind Sie hier?«
»Die Frage ist, warum *Sie* hier sind, Herr Doktor?«
»Ich arbeite hier. Also sind Sie nun krank?«

»Sind *Sie* vielleicht krank?«
»Wollen Sie mich verarschen?«
»Wollen *Sie mich* verarschen?«
»Für so was habe ich keine Zeit, gehen Sie nach Hause, Herr Ruppert.«
»Warum gehen *Sie* nicht nach Hause, Herr Doktor?«
Irgendwann wurde mir das zu blöd, schließlich wollte ich im Wartezimmer schöne Dinge erleben und schöne Menschen kennenlernen, nicht meinen Hausarzt, den kannte ich ja schon.

Das Schönste ist: Auch schöne Mädchen werden krank, das heißt, das Wartezimmer ist ein schöner Ort, um schöne Mädchen kennenzulernen.

Also brauchte ich einen richtigen Grund, um mich dort aufzuhalten, deshalb war ich letzte Woche mal nackt im Eisbach schwimmen, habe auf dem Heimweg die Haltestangen in der U-Bahn abgeleckt und mir heute noch 'ne rostige Reißzwecke ins Bein gedrückt. Und tatsächlich, mir gegenüber, direkt zwischen der alten Dame mit der mobilen Gehhilfe (»Ich verstehe das immer nich', wenn jemand was sagt!«) und der Frau des Rentnerpärchens (»Hör doch endlich mal auf zu schwitzen!«) sitzt ein wirklich schönes Mädchen, lockiges Haar, Grübchen, glänzend-glasige Augen, traumhaft-triefende Nase, wie schön, da hat man direkt was gemeinsam, denke ich mir. Sie sitzt da also, schon eine ganze Weile (seit sie im Wartezimmer angekommen ist, ist noch niemand drangekommen), und liest ein Buch von Kafka oder Sarrazin und zieht zwischendurch immer wieder die Nase hoch.

Die Rentnerpärchenfrau steht auf, »ich frach ma' den Doktor, ob der überhaupt da is', nich' wahr, Erich, das tu ich ma'«, sodass neben dem schönen Mädchen plötzlich ein Platz frei ist. Ich setze mich zu ihr und mein Magen knurrt. Hatte es nicht mehr zum Bäcker geschafft heute Morgen, also kein Brot zu Hause, und dann halt einfach eine Scheibe

Wurst auf eine Scheibe Käse gelegt – Wurst-Käs-Szenario. Das Magenknurren ist mir ein bisschen peinlich, aber das schöne Mädchen hat es vor lauter Schniefen und Triefen gar nicht erst mitbekommen.

Ich packe sämtliche Flirt-Skills aus:

»Hallo«, sage ich.
»Hallo«, sagt sie.
»Hallo«, sage ich.
»Hallo«, sagt sie.

Stille. Ich hätte wirklich dieses Rhetorik-Seminar besuchen sollen, dessen Werbung Alex in der U-Bahn gesehen hat.

Wider Erwarten komme ich mit dem schönen Mädchen aber doch noch in ein gutes Gespräch, ein sehr gutes Gespräch sogar. Gemeinsam, während irgendwie immer noch niemand drankommt, lachen und schniefen wir, husten und triefen wir, schauen auf meinem Taschentelefon eine romantische Liebeskomödie mit Vampiren und uns ganz tief in die geröteten Augen, nähern unsere Münder einander und – ich huste ihr zärtlich in den Mund, gut, dass ich noch keinen Schleimlöser genommen habe, und auch sie erwidert mein Husten.

Später, bei der Mentholzigarette danach, vertraut sie mir an: »Weißt du, ich habe das noch nie jemandem verraten, aber ich bin eigentlich nur hier, weil ich schöne Menschen kennenlernen möchte.« Entgeistert schaue ich sie an, als die alte Dame mit der mobilen Gehhilfe (»Ich verstehe das immer nich', wenn jemand was sagt!«), die Rentnerpärchenfrau (»Hör auf zu schwitzen!«) und alle anderen einstimmen:

»Ich bin auch nur hier, um schöne Menschen kennenzulernen!«

»Ich mag die Gesellschaft hier so gerne!«

»Die Bilder an der Wand sind so schön.«

»Ich verstehe das immer nich', wenn jemand was sagt!«

»Hier sind die Toiletten so schön sauber«

»Hier gibt's immer so interessante Zeitungen!«
»Ich verstehe das immer nich', wenn jemand was sagt!«
»Ich habe meine Frau hier kennengelernt!«
»Die Sprechstundenhilfen sind so nett.«
»Ich verstehe das immer nich', wenn jemand was sagt!«
»Ich verstehe das immer nich', wenn jemand was sagt!«
Ich schaue mich um und erblicke auf dem Stuhl neben mir meinen Hausarzt.

»Ich mag mein Wartezimmer«, sagt er, »und eigentlich bin ich auch nur hier, um schöne Menschen kennenzulernen.«

**U20-CHAMPIONESS 2011:
JULIA BALZER**

GEDANKENBREI

Du sagst immer, man müsste im Leben auch mal träumen,
und erzählst mir von Gedankenbäumen,
die man im Laufe seines Lebens erklimmen sollte,
und fragst mich, warum ich nie mit dir träumen wollte.

Und ich hatte immer Angst, dir davon zu erzählen,
hatte Angst, dich in mein Gedankenkabinett zu wählen,
denn du weißt nicht, wie ich träume,
mit welchen Absurditäten ich manchmal meine
    Gedankenwege säume.

Und irgendwann hast du dann auch aufgehört,
    Vorstellungen zu erschaffen
und ich griff zu meinen eigenen Gedankenwaffen
und begann zu schreiben
und eben nicht mehr auf meinen Träumen sitzen zu bleiben.

Und wenn du dich dann heute in deine Theorien verlierst
und gleichzeitig meine Träume als unrealistisch definierst,
sagst du, du würdest diese Schreiberei ja gar nicht so gut
    finden,
ich solle meine Vorstellungen doch mal an Taten binden
und aufhören, mir die Welt zurechtzuschreiben
und stattdessen mein Leben weiter nach vorne treiben.
Utopien seien ja schön und gut,
    aber dieser Gedankenmarathon versetze dich wirklich in Wut.

Und dabei verstehst du gar nicht, wie das ist, wenn man schreibt,
wenn man eben nicht nur in seiner eigenen, verkorksten Welt stecken bleibt.
Wenn man in der gleichen Sekunde den Helden kann scheitern lassen,
und die Guten mal eine falsche Entscheidung fassen,
wenn die Bösen sich am Ende des Gedankenweges als die Retter erweisen
und die Bahnangestellten mal alle mit dem Flugzeug reisen,
wenn der texanische Sonnyboy einfach vom Pferd fällt
und der Hauptkommissar sich mal selber eine Falle stellt.

Wenn man schreibt, dann ist die Welt grenzenlos
und scheint beinahe erschreckend groß,
weil die eigene Fantasie das einzige Limit ist
und der Himmel sich in Gedankenfragmenten misst.

Du weißt nicht, wie das ist, wenn in der Fantasie immer die Verlierer gewinnen,
und die Lottozahlen des angeblichen Helden niemals stimmen.
Es fühlt sich an, als wäre man Gott, wenn man den sympathischen Angestellten zu Fall bringt,
oder es dazu kommen lässt, dass die arrogante Sängerin immer die falschen Töne singt.

Ich kann die Welt erobern und den Armen geben,
kann Liebe und Hass untrennbar ineinander weben,
kann den ganzen Tag fremde Telefonnummern wählen
und Menschen auf Poetry Slams dann von diesen verrückten Gedanken erzählen.

In meiner Fantasie habe ich schon so viele Menschen verbal verprügelt,
mein imaginärer Freund kocht und putzt und bügelt

es ist immer genug frischer Kaffee in der Kanne
und das Wasser läuft beim bloßen Gedanken daran
　　automatisch in die Badewanne.

Ich habe mir schon so oft vorgestellt, dass Günther Jauch
　　mal die 50-Euro-Frage nicht weiß,
in meiner Vorstellung ist der Sommer auch gar nicht
　　so übertrieben heiß,
meine Mutter kocht jeden Tag mein Lieblingsessen
und Kiel liegt übrigens definitiv in Hessen.

Die unfreundliche Kellnerin in meinem Lieblingscafé hat
　　schon so oft die brühend heiße Teekanne fallen lassen,
mein Traumprinz galoppiert auf der Suche nach mir
　　schon seit Jahren durch verwunschene Gassen,
ich bin eigentlich eine Eisprinzessin
und mein Exfreund fällt auf dem Weg zu seiner Neuen
　　alle drei Meter hin.

In Prüfungen stelle ich mir, wenn ich Angst habe,
　　meine Prüfer auf der Toilette vor,
ihr seid auch kein kritisches Publikum, sondern nur
　　ein Knabenchor
Heidi Klum wird auf Grund von Niveaulosigkeit
　　nächstes Mal einfach kein Topmodel küren,
sondern in ihrer Sendung die Debatte
　　um Kindesmissbrauch schüren.

In meinen Träumen habe ich schon viermal
　　die Weltherrschaft übernommen
und achtmal den Friedensnobelpreis bekommen
und mittlerweile bin ich dazu beauftragt, den zu verleihen
und allen Menschen auf der Welt ihre Fehler zu verzeihen.

In meiner nächsten Geschichte wird sich erst am Ende
 herausstellen, dass der Leser alles falsch verstanden hat,
in der übernächsten geht es dann um ein trauriges
 Ahornblatt,
spätestens in einem halben Jahr werde ich dann einen
 Weltbestseller schreiben
und meine auf einmal sehr zahlreichen Freunde werden bei
 Details über mich in der Bildzeitung leicht übertreiben.

Und dann fragen mich Leute, warum ich so chaotisch sei
und ich sage, das liege alles an meinem Gedankenbrei,
und dass ich gerne mal einen klaren Gedanken fassen würde,
und dieses Gedankenchaos sei eine schwere Bürde
und dann sagen immer alle, dass sie auch gerne so eine
 Fantasie hätten,
sie alle würden ihre Gedanken gerne mal in Worte betten,
und dabei versteht niemand, wie anstrengend das sein kann,
wenn einem, natürlich immer im unpassendsten
 Augenblick, dann und wann,
eine Idee für einen Text zufliegt
und dann natürlich nirgendwo ein Blatt Papier rumliegt
und man versucht, die Idee in auf 1 000 Zeichen begrenzte
 Entwurfs-SMS zu tippen,
bis einem völlig wahnsinnig die Finger wippen
und man dann am Ende nicht auf Speichern drückt
und man sich Tage später wieder unter der Last, noch
 keinen Text für den nächsten Auftritt zu haben, bückt.

Und du sagst, dass es doch nichts bringt, die ganze Zeit
 zu schreiben,
man würde doch im realen Leben stehen bleiben,
ich solle meine Kreativität doch mal für sinnvolle Sachen
 nutzen,
meine Fantasie mal auf Normalgröße stutzen,

denn dieser Gedankendschungel sei doch total passend, um
   sich neue Wirtschaftsmodelle auszudenken
und die Welt mit meinem Ideenreichtum zu beschenken
und du seist ja sowieso der Ansicht, ich fische
   in viel zu tiefem, fast bodenlosem Gewässer.
Doch darauf kann ich nur sagen: Ideen, Gedanken
   und Träume sind ja schön und gut, aber Schreiben
   ist einfach besser.

U20-CHAMPIONESS 2012:
JULE WEBER

SAGEN, DENKEN, MEINEN

Die Abschlussballprinzessin hat sich schon vor einer Viertelstunde im Mädchenklo eingeschlossen und kotzt.

Ihr Partner hat zehn Minuten vor der Tür auf sie gewartet, gelangweilt auf sein Handy und ein paar andere Mädchen gestarrt, dann ist er gegangen. Jetzt steht er mit seinen Freunden an der Bar und trinkt noch etwas, während vor ihren Augen weißes Porzellan verschwimmt.

Sie ist froh, dass ihre Haare hochgesteckt sind, so muss sie sie nicht hochhalten und kann sich mit beiden Händen an der Toilette festklammern.

Sie hat ein wenig Angst, dass sie ihr Kleid schmutzig macht, aber immerhin dreht sich jetzt nicht mehr alles, denkt sie sich, als sie den Rest Alkohol aus den Tiefen ihres Magens hochwürgt.

Als sie klein war, hat ihr Vater sie immer »Prinzessin« genannt und ihr Märchen vorgelesen; als sie zwölf war, hat er sie und ihre Mutter für eine andere Frau verlassen. Am Abend bevor er gegangen ist, sollte sie ihm einen Gute-Nacht-Kuss geben und hat »Nein« gesagt. Weil sie langsam Brüste bekam und sich ein bisschen geschämt hat.

Prinzessinnen in Märchen sagen niemals »Nein« zu irgendetwas, sie war sich sicher, dass das ihr Fehler war.

Und heute Abend war sie wieder Prinzessin, Abschlussballprinzessin, die Schönste von allen und wollte keinen Fehler machen.

Also hat sie nicht Nein gesagt, auch nicht, als sie gemerkt

hat, dass die Welt sich immer noch dreht, wenn sie und ihr Partner längst nicht mehr tanzen. Und weiter getrunken. Jetzt kotzt sie. Ihr Partner nimmt heute Abend eine Andere mit nach Hause. Die Zweitschönste.
So ist das Leben.

Wir sagen nicht, was wir denken
Und wir meinen nicht, was wir sagen
Wir sagen, was wir meinen, das wir sagen sollen
Und denken, dass wir das eigentlich nicht tun wollen.

Und wir tun nicht, was wir sagen
Und wir denken: das ist falsch
Und wir meinen zu verstehen, dass wir das mal ändern sollten,
weil wir eigentlich ja das, was wir meinen sagen wollten.

Auf dem Campingplatz im Zelt neben uns haust eine Familie. Der Vater trägt eine camouflagefarbene Jogginghose, seine kleinste Tochter weint.

»Mensch, Lea, was heulste denn jetzt hier so rum?«, schreit der Vater und Lea heult lauter. »Da gibt's doch gar kein Grund zu!«

Ich schnaube entsetzt. »So geht Pädagogik nicht«, erkläre ich meinem Mitzelter. »Wenn Kinder weinen, dann eigentlich immer mit Grund und sei es nur, dass sie gerade mit allem überfordert sind. Da ist Trotzphase wie Menstruation.«

Er ist verschlafen, aber das ist mir egal.

Camouflagejogginghosenpapa hält eine Rede über Abwasch, Lea heult immer noch, bis ihre entnervte Mutter sie sich irgendwann unter den Arm klemmt und mit den zwei anderen Töchtern und dem Abwasch verschwindet.

Er zieht seine Jogginghose hoch und schaut zu uns rüber.

»Schönen guten Morgen«, sagt er und ich lächle ihn an. Ich hätte einfach hingehen können und mal sagen können, dass Pädagogik anders geht. Und Hose im Übrigen auch.

Vermutlich wäre er dann außer sich gewesen vor Wut, aber immerhin hätte ich mal was gesagt.

Wir sagen nicht, was wir denken
Und wir meinen nicht, was wir sagen
Wir sagen, was wir meinen, das wir sagen sollen
Und denken, dass wir das eigentlich nicht tun wollen.

Und wir tun nicht, was wir sagen
Und wir denken: das ist falsch
Und wir meinen zu verstehen, dass wir das mal ändern sollten,
weil wir eigentlich ja das, was wir meinen sagen wollten.

Ich sage dir: »Ich habe kleine Brüste«, und dann lächelst du verlegen.

»Hm, nein, finde ich jetzt gar nicht so und außerdem, weißt du, außerdem mag ich Frauen mit kleinen Brüsten sowieso viel lieber.«

Dann lächle ich verlegen, wir nippen an unserem Kaffee und ich denke: »Aber die Frauen in den Pornos, die du schaust, haben alle Doppel-D.«

Und dann küssen wir uns vielleicht. Du hättest einfach »Ja« sagen können, weil das nämlich gar keine Frage, sondern eine Aussage war. Ich hätte dir einfach sagen können, dass ich weiß, dass du Pornos schaust und dass die Frauen darin alle Doppel-D haben. Dann hättest du mir vielleicht gesagt, dass du aber nur mich liebst und zwar genauso wie ich bin oder aber, dass du mich für eine Andere verlässt, eine mit solchen Brüsten.

Dann wüssten wir, woran wir sind.

Die Eigenschaft, die sich die meisten Menschen in einer Beziehung wünschen, ist Ehrlichkeit. Was sie tatsächlich suchen, ist jemanden, der ihre Art zu lügen versteht.

Ich mag nicht, wie du lügst.

Ich gehe einkaufen, an der Supermarktkasse stellt sich hinter mir ein junger Mann an, er räumt Fertigtütennudeln auf das Warenband.

Er bemerkt, dass ich keinen Warentrenner aufgelegt habe und kann den einzigen, der noch ganz vorne bei der Kassiererin liegt, nicht erreichen. Aufgeregt wie ein pubertäres Mädchen vor dem ersten Blowjob beginnt er vor und zurück zu wippen, ich lächle ihn an und er zwinkert mir zu.

Es sieht so jämmerlich aus, dass ich fast Mitleid habe.

Als er seinen Jackenärmel hochschiebt, kann ich sehen, dass er einen Notenschlüssel auf den Unterarm tätowiert hat. Ich könnte ihm einfach sagen, dass ich das lächerlich finde. Ich kenne fünf Menschen mit Notenschlüsseltattoo und drei von ihnen spielen Schlagzeug. Die anderen beiden mögen Musik einfach so fürchterlich gerne; ich könnte ihm sagen, dass ich denke, dass er genauso ist und dass sein nervöses Wippen noch nicht mal zum Takt der dudelnden leisen Supermarktmusik passt.

Warum ein Notenschlüssel und nicht das iTunes-Logo? Oder eine Pizza oder eine Eiswaffel, der junge Mann sieht so aus, als würde er Pizza mögen.

Ich könnte natürlich auch einfach einen Warentrenner auflegen, damit er sicher sein kann, dass seine Fertignudeln in der Tüte ihm und nur ihm gehören.

Stattdessen halte ich den Mund. Als er bezahlt hat nehme ich ihn an der Hand und mit zu mir nach Hause.

Ich zünde Kerzen an, er zieht sich aus und dann reibe ich ihn mit Niveau ein.

Wir sagen nicht, was wir denken
Und wir meinen nicht, was wir sagen
Wir sagen, was wir meinen, das wir sagen sollen
Und denken, dass wir das eigentlich nicht tun wollen.

Und wir tun nicht, was wir sagen
Und wir denken: das ist falsch
Und wir meinen zu verstehen, dass wir das mal ändern sollten,
weil wir eigentlich ja das, was wir meinen sagen wollten.

Ich will sagen, was ich denke. Und fragen, was ich nicht verstehe.

Warum sagst du »Peace« und nicht einfach »Frieden«?

Warum ist das ein »Must-have« und kein »Ich-will-es-kriegen«?

Ich mag keine Anglizismen und keine Oliven.

Ich mag gerne größere Brüste haben, aber aus Plastik sein mag ich nicht, also lasse ich das.

Ich mag auch nicht Prinzessin sein, nicht Papas und nicht die auf dem Abschlussball.

Zuckerwatteschlösser schmelzen im Regen, also mag ich Bauarbeiter werden und welche aus Stein bauen. Wer Bauarbeiter ist, der kann Gruben graben. Und wer anderen eine Grube gräbt, der riskiert, dass sich jemand wehtut. Wer ehrlich ist auch. Ich mag, dass du ehrlich bist.

So ist das Leben.

CHAMPION 2013:
LARS RUPPEL

HOW TO WETTERAU

Meine Freundin ist aus der Pfalz und man sieht es ihr auch an. Ihre Haut ist rein und ihre Fingernägel gepflegt. Sie ist intelligent und im Gegensatz zu mir hat sie keinen nennenswerten Körpergeruch. Doch so sehr ich sie mag, so traurig bin ich auch, dass sie nie wissen wird, wo ich herkomme. Sie weiß nicht, wie hart das Leben in meiner Heimat ist, vom rohen Fleisch, das wir von den Tauben nagten, die wir in den Städten mit bloßer Hand fingen, während zu Hause der Kohl auf den Feldern verfaulte, davon weiß sie nichts.

Sie weiß nicht, dass wir nichts hatten, nicht mal das Wort »nichts«, deswegen waren wir lange Zeit eigentlich ganz zufrieden, weil wir dachten, das müsste so sein, bis wir herausfanden, dass wir nichts hatten und seitdem ging es uns schlecht. Die Menschen in meiner Heimat wurden nie sehr schön, dafür aber auch nicht sehr alt. Mit siebzehn Jahren wurde ich schließlich zum Dorfältesten und dieses Amt trage ich bis heute. In meinem Jahrgang starb die eine Hälfte der Kinder an Lepra, die andere Hälfte wurde von Wölfen gerissen, und das war noch der beste Jahrgang seit Langem! Ich überlebte als Einziger, weil ich von den Wölfen nicht gefressen, sondern großgezogen wurde. Mein Rudel lebte in einer Höhle im Wald. Das Rudel hatte mich als Säugling gefunden, nackt und unterernährt. Meine Eltern waren wahrscheinlich bei meiner Geburt explodiert. Vielleicht wurde ich auch gar nicht geboren, wir hatten ja nichts, nicht mal Geburt, dafür aber umso mehr Tod. Die Wölfe nahmen mich als Ihresgleichen auf und machten mich zu dem Wolf, der ich bis heute bin. Meine Freundin sagt, ich würde nachts manchmal so laut furzen, dass ich selbst davon aufwache. Sie findet das nicht gut, aber sie weiß nichts von dieser Überlebenstechnik, die bei uns Wölfen vollkommen üblich ist. Nur durch das sogenannte »instinktive Wachfurzen« konnten die männlichen Wölfe nachts das Rudel beschützen.

Ich fühlte mich bei ihnen immer wohl und sicher. Sie brachten mich zur Schule und ernährten mich, obwohl sie selbst nichts hatten, nicht mal das Wort »nichts«, denn es waren Wölfe und keine Menschen und folglich hatten sie gar keine Wörter außer »Grrr« und »Auuuu«, wobei dieses Vokabular bekanntermaßen ausreicht, um Ministerpräsident des Landes Hessens zu werden. Erst als ich ihnen das Wort »nichts« beibrachte, merkten sie, dass sie nichts hatten und es ging ihnen schlecht.

Bald musste ich mein Rudel mit den Kartoffeln ernähren, die ich mit den anderen Kindergartenkindern mit bloßen Händen aus dem gefrorenen Boden grub. Wir machten immer alles mit bloßen Händen und der Boden war auch immer gefroren, sogar im Sommer. Es gab eigentlich gar keinen Sommer, nur eine Zeit, die wir »Kleinwinter« nannten, weil es da nicht ganz so kalt war. Wir waren immer erkältet, aber wir waren froh drum! Ein Mann mit Schnupfen konnte ohne Probleme eine fünfköpfige Familie ernähren! Noch heute weiß ich einen gut zubereiteten Popel sehr zu schätzen. Um den Popel effektiv zu ernten, musste der Verschnupfte solange draußen in der Kälte stehenbleiben, bis ihm der Rotz in langen Zapfen von der Nasenspitze hing. Nasenmelken nannten wir das damals. Der gefrorene Popel wurde dann drinnen am Küchentisch reihum gelutscht. Es war so bitterkalt. Eisbärenherden marodierten durch die Innenstädte und zerstörten alles, was ihnen in die Hufe kam. Der öffentliche Personennahverkehr bestand damals aus einem gichtkranken Esel namens Schorsch, dem man eine

Karotte an einer Angel vor die Nase halten musste, wenn man denn so ein reicher Bonze war, der sich eine Karotte leisten konnte. Meine Heimat wurde eine der schlimmsten Krisenregionen der Welt. Wir hatten keine Schulen, wir hatten nur einen Steinbruch, in dem wir mit unseren Köpfen Steine aus der Wand schlugen. Durch das Zählen der tödlichen Arbeitsunfälle am ersten Tag lernte ich die Zahlen von 1 bis 10 000. Schulabschlüsse gab es bei uns nicht. Bei uns gab es nur Überleben oder Sterben in einem menschenunwürdigen System. Die Ähnlichkeiten zum heutigen Schulsystem liegen auf der Hand. Kein Wunder, dass wir nie so etwas wie Kultur entwickeln konnten. Bei unseren Poetry Slams gewann der Poet, der am lautesten Rülpsen konnte. Wir hatten auch keine Musik, denn wir hatten keine Musikinstrumente. Musiker war man bei uns schon, wenn man einmal in die Hände klatschen konnte, aber keiner von uns ist je auf die Idee gekommen, mehr als einmal zu klatschen. Wenn wir Feste feiern, klatscht jeder einmal in die Hand und geht dann nach Hause. Gut, dass wir nie einen Grund zu feiern haben. Ein Neger in Mecklenburg-Vorpommern hat mehr zu Lachen als wir. In meiner Heimat wird sehr selten gelacht. Als ich das erste Mal in meinem Leben lachen musste, dachte ich, ich wäre krank und habe mich, wie Wölfe es tun, zum Sterben in eine Höhle gelegt. Als man mich nach zwei Wochen fand, wog ich nur noch sechs Kilo. Das muss man sich mal vorstellen! Halb so viel wie vorher. Sie fütterten mich mit Taubenfleisch und Popeln, bis ich wieder bei Kräften war. Ich beschloss, meine Heimat zu verlassen und zog aus, um das zu tun, was alle kulturlosen Menschen mit einem wertlosen Schulabschluss tun: Ich studierte Deutsch auf Lehramt. Von alldem weiß meine Freundin nichts. Vielleicht nehme ich sie irgendwann einmal mit in meine Heimat. Es sind gute Leute mit großen Herzen, die offen sind für jeden. Und wenn sie einen nicht gleich in das Dorf lassen, so braucht man doch lediglich ein paar funkelnde Glasmurmeln oder etwas Feuerwasser, um ihre Liebe zu gewinnen. Zum Abschied kann man dann den traditionellen Abschiedstanz meiner Heimat tanzen, den wir immer dann tanzen, wenn etwas endet.

U20-CHAMPION 2013:
SAMUEL KRAMER

FÜNF HÜTE

Er hastet durch langsam verfallende Gassen, vorbei an vergilbten Plakaten von Konzerten mittlerweile verstorbener Künstler und leer gelassenen Schaufenstern.

Das Atmen fällt mit jedem Schritt schwerer und die Beine haben zwar zu schmerzen aufgehört, doch wohl nur, um gemeinsam mit Füßen und Zwerchfell eine Sammelklage anzustrengen.

Er flieht vor bedrohlich schweigenden Kolossen mit Stahlskeletten und Schwerbetonfleisch, vor smogschnaubenden Bestien, in deren Adern Glut pulsiert.

Er flüchtet vor rigoros reglementierten Regimentern und krass kleinkariert kontrollierten Kohorten von perfekt geometrisch angeordneten Zahlenkolonnen, die sich zu quadratischen Divisionen summieren.

An ihren Flanken stehen straffe Paragraphenreiterstaffeln, die jeden Deserteur erspähen, verfolgen und mit seinem eigenen Vorzeichen prügeln bis auf zwölf Stellen nach dem Komma, bis er, mit Brüchen überall, nicht mehr weiß, ob er auf- oder abrunden soll.

Er läuft immer weiter, so ganz ohne Ziel.

Weiß nicht, wo genau, weiß nur, dass nicht hier.

Sein Herz lechzt nach Farbe, in dieser monochromen Welt voller Menschen in schwarz-weißen Zwangsjacken, die, nebeneinander aufgereiht – wie ein Strichcode ausgespuckt vom Leistungsdrucker – aus der Ferne betrachtet zum Grau der Sinnlosigkeit verschwimmen.

Und als sein Atem schließlich bricht und in keinem Winkel seiner Gliedmaßen noch Kraft für einen weiteren Schritt übrig ist, bemerkt er, dass er sich in eine Sackgasse verrannt hat, dass sich vor ihm eine Wand erstreckt, unter deren bröckelndem Verputz höhnisch rote Backsteine hervorbrechen.

Und als er erschöpft droht, den Mut zu verlieren,
da tut sich vor ihm auf ein riesiges Tor,
mit mächtigen Flügeln und einem Männchen davor.
Das Männchen trägt Hüte, gleich fünf an der Zahl,
dafür keine Hosen und wirkt doch normal.
Es öffnet die Türe mit großem Schwung,
aus dem Eingang schwappt goldenes Licht,
und formuliert eine Einladung,
indem es feierlich spricht:

Wir reisen.

Wir reisen, doch lang nicht gewöhnlich,
diese Reise ist keiner deiner vergangenen ähnlich.
Denn wir fahren mit Schiffen über Meere aus Musik
und am Bug wogt schäumend maritime Melodie,
während im tintenschwarzen Wasser Neonquallen leuchten
und die Basshammerhaie ihre Kreise ziehen,
segeln wir durch Nächte ohne Morgen.
Wir schweben auf lebenden Versen,
die mit ihren Klangschwingen schlagen, davon.
Wir reiten durchs All, im Sattel
auf dem ledernen Buchrücken der Elefolianten.
Wir gleiten durch gemalte Welten,
schlafen in Schnellzügen
auf schienengleichen Pinselstrichen.
Wir rasen mit der Seifenblasenkiste querfeldein,
und am Heck hängt ein Schild, auf dem »Arche« steht,

weil wir von jeder Idee zwei Exemplare an Bord haben.
Wir sprengen den so engen Horizont,
springen durch das neue Loch vom Rand,
und im freien Fall durch Zeit und Raum
steht uns jede Unmöglichkeit offen:

Wir können an Orte gehen,
so zahlreich und so weit entfernt,
dass du sie nur im Geiste alle besucht haben kannst,
oder wir reisen zurück in eine Zeit,
als Magie noch mehr als nur ein schönes Wort war,
als Trolle noch den Brückenzoll
und Drachen die Prinzessin wollten,
als noch echte Helden lebten,
als in die Berge unter Tage
noch die Zwerge aus der Sage
tiefe Minenschächte gruben
und aus ihnen Schätze hoben,
mit der Hacke und Gesang,
als hinter Rinden hohler Linden
neben Würmern Elfen hausten,
und der Wälder Blätterrauschen
noch wie Götteratem klang.

Während das Männchen so spricht, ist der Junge bereits
überzeugt, bereits eingetreten und im Schein der Welt hinter
der Tür verschwunden. Die kleine Figur jedoch fährt, davon
scheinbar unbeirrt, fort:

Nur eines noch, ich hab dich gern,
und also bin ich ehrlich,
denn was wir unternehmen ist zwar gut,
doch auch gefährlich.
Die Leichen toter Träumer
säumen mahnend unseren Pfad,

die Linie zwischen wahrer Welt und Wahn
ist oft ein allzu schmaler Grat.

Wenn du also ein dauerhaftes Asyl suchst,
dann zieh unbeirrt davon, such weiter,
wir sind kein Traumrefugium.
Bei uns kannst du dich aufwärmen,
wenn die kalte Welt
das Feuer deines Herzens schrumpfen ließ,
kannst dir frischen Gedankensand
in die Haare rieseln lassen,
wenn die so saubere Welt
dir den Kopf gewaschen hat,
kannst aus frischen Brisen Leben schöpfen,
kannst aufatmen,
wenn du in deiner so vollgestopften Welt
zu ersticken drohtest,
doch eines kannst du nicht:
Du kannst hier nicht bleiben. Verstehst du?
Wir können dein Leuchtfeuer sein,
aber nicht dein Hafen,
verstehst du?
Verstehst du?

Ich hoffe doch sehr, dass er verstanden hat, sagt das Männchen, während sich das Tor hinter ihm bereits zu schließen beginnt.

DIE
CLASSICS

20 Jahre Slam in Hessen – diese Slammer haben die hessische Slam-Landschaft nachhaltig geprägt.

AARON SCHMITT

WINDSPIEL

die rote Spielplatzschaukel vor ihrem Haus
ist von ihrem Zimmer aus gut zu erkennen
Kinder laufen darauf zu, raufen und rennen
vorüber und vorbei
immer wieder
vorüber und vorbei
ohne sie auch nur zu bemerken
und ein Platz bleibt frei

schnell öffnet sie ein Fenster
fächert Luft und ringt nach Atem
es war als sähe sie Gespenster
von längst vergangen Tagen

da saß es, lachte leuchtend lieb
wo bloß der Wind darüber blies
blickte scheu und treu herüber
aus blauem Kapuzenfleecepulli
und schaukelte
schaukelte schon fast kopfüber
als sie aus dem Fenster rief:
flieg, mein Engelchen, flieg

wo sich doch bloß ein Rabe
schwarz und groß in den Herbsthimmel hob
der sich so mit seiner Farbe
wolkenvollkommen vollsog

sonnentot sind doch all die Tage
die Gedanken dunkel wie Dinkelbrot
und jedes Wort zur Aussprache zu schade
als dass man es dafür noch hervorholt

so wollte sie schweigen
schweigen bloß und sprachlos bleiben
in den ersten Tagen tat es gut
in den folgenden wollte sie es sagen
schreien wollte sie: Mord, Mord!
schwieg aber und blieb ruhig
um ruhiges Blut zu bewahren

Blut, das längst in ihren Adern gefror
verlor sie nur einen Gedanken daran
und gewann ein andrer auch Überhand
sie schwor es niemandem zu verraten
da es niemand gut vertragen kann
denn jeder hat sein eigenes Päckchen zu tragen
dachte sie
niemand würde Platz auf seinem Rücken haben
und es blieb, sie schwieg
und verriet es nie

schnell schließt sie das Fenster
und zieht den Vorhang vor
damit Geräusche gedämpfter
klingen, dringen sie an ihr Ohr
es wird still, sie wird stumm und bald auch taub
nur die Küchenuhr tickt unnatürlich laut
in den Raum, bis in den Flur, durchs ganze Haus
aus Teetassen steigt Langeweile auf
die Bilder an der Wand
ein aufgereihter Lebenslauf
darauf auch der Ehemann

in Schwarz, Weiß und Grau
elegant gekleidet und
Hand in Hand mit einer Frau
deren Blick Kontakt vermeidet

es war sie selbst, jung an Jahren
aus fremder Welt herübergetragen
das Lächeln gestellt wie der Hemdkragen
Schuldfragen lagen noch warm auf der Zunge
verbunden getragen ein Arm
das arme Junge bauchumschlungen
verging in dunkler Scham
vorüber und vorbei
ohne auch nur bemerkt zu werden
und ein Platz bleibt frei

ein Platz am Anfang der Treppe
wo es unverhohlen langsam die Schuhe auszog
um dann mit einem Satz nach oben zu hetzen
ein Platz an der Häuserecke
wo es verstohlen entlang kam und elegant umbog
um sich auf die nächste Parkbank zu setzen
und dort dann mit drei Kugeln Eis in der Hand
stundenlang Schulstunden zu schwänzen
ein Platz bei Omas Kaffeekränzen
am Wochenende, wo es gelangweilt seine Hände
im Schoß knetete wie Kuchenteig

ein Platz im eigenen Bett
wo es gut zugedeckt saß
wenn Opa Geschichten von Gespenstern
aus einem großen Buch vorlas
und ein Platz dort, vor verschlossenen Fenstern
wenn es Regen gab
ein Platz vor dem Ofen

auf dem Fußboden lang gestreckt
und ein Platz im Garderobenschrank versteckt
ein Platz auf dem Rasen im Schneidersitz
ein Platz im Sommersonntagskleid
ein Platz am Hafen zu Schiff
und ein Platz bleibt

versucht sie zwar zu verdrängen
weiß sie auch, dass es doch nicht geht
das Denken daran ganz zu dämmen
und in allen Momenten zu vergessen
dass es nicht lebt

heute wäre es schon einundzwanzig Jahre
zwei Monate, eine Woche und drei Tage alt
denn das, das weiß sie ganz genau
und sie vermutet nur
es wäre heute ein so schön
gewachsener Mensch
ein Mann oder eine Frau
und würde, wer weiß das schon
anstatt dir jetzt diese Zeilen lesen

doch wie konnte sie etwas vermissen
das es so nicht gab und niemals gibt

jeden Morgen kauft sie mehr Schrippen
als sie benötigt, bis eins vertrocknet
und mit Staub bedeckt im Eck liegt
jeden Tag raucht sie mehr Kippen
als wirklich nötig, bis sie ein Fenster öffnet
damit der Rauch mit Wind weg fliegt

und dort steht sie auch heute wieder
ihre Hände gestemmt an die Rippen

verschränkt ihre Glieder und sieht
die rote Spielplatzschaukel vor ihrem Haus
sie schüttelt den Kopf, als schüttele sie Kissen aus
dabei folgt sie bloß dem Kind darauf

da sitzt es, schwitzt und ringt nach Atem
schaukelt und lacht leuchtend lieb
ich könnt es ihr bestimmt nicht sagen
dass bloß der Wind darüber blies

ALEX DREPPEC

APHRODITE DU GRANATE

Aphrodite – du Granate,
hör mal zu, was ich dir rate.
Aphrodite, bald erfreute,
sei noch heute meine Beute.
Komm, wir schreiten nun zu Taten
und verbraten die Dukaten.
Was ich täte, was ich böte?
Kneten bis zur Morgenröte.
Aphrodite, Aufgedrehte,
erhöre die Gebete.
Aphrodite, dann geschieht
was Jesuiten uns verbieten.
Lass uns an den Datteln rütteln
und drei Drittel runterschütteln.
Du bist müde, meine Gute?
Sei doch keine prüde Pute.
Aphrodite, ich verblute
hier Minute für Minute.
Aphrodite – du Granate,
gib deiner Stute meine Rute.

LIBELLE

Tolle Libelle von der Anlegestelle,
zu der ich schneller als die Schallwelle schnelle,
weil ich dich einlullen will, du Libelle,
mach ich 'ne Welle als Libellengeselle.
Elle für Elle will ich Windstillen killen
mit Sonnenbrillen auf den Vollmondpupillen,
wenn schrille Grillen Abendstillen erfüllen
und Sonnenbrillen die Pupillen verhüllen.
Stell den schillernden Libellenpropeller
in aller Stille nach Kontrollstellen schneller.
Lass uns schnell auf den Antillenatollen,
da wo Buckelwale Wellen wallen wollen
die Schatullen voller Knallerknüller füllen
und wie im Thrillertrailer durch alle Idyllen
mit schrillen Hüllen auf prallen Wellen tollen,
bis Hüllen fallen, die aus Rollen fallen wollen.

UNTERFÜHRUNG

Unterführung, Unterkunft urbaner Unglücksraben.
Umriss: Unikate unterlaufen, untergraben
unbegrenzte, uferlose Unannehmlichkeiten und
ungesunde Unterkunft und ungesunden Untergrund.

Unbequemen Unterständen, Unterwelten unterstehen
Unordnung, Unebenheit und ungeseh'nes Untergehen.
Unter unbeachteten, urbanen Umgehungen
unternehmen Unglücksraben unbeirrt Umdrehungen.

Unversehens unterhalten unbändige Unterkiefer
Unrat-Unterwanderungen, ungezählte Ungeziefer,
Ursuppen-Usurpator, unbelehrbar, unvergleichlich.
Unscharf: Uraufführung. Unterschätzung unausweichlich.

BO WIMMER

DER KNEIPENSCHREIBER

Werde ich gefragt, was ich denn so tue, sage ich, ich schreibe.

In Kneipen bin ich der mit dem abgenutzten Lamy-Füller in der Hand. Ich weiß ja, in Kneipen schreiben ist ziemlich langweilig, und manchmal wäre ich auch lieber etwas Anständiges wie Fußball-Profi oder Metzger geworden, aber irgendwann wusste ich, dass ich schreiben werde müssen. Die komplizierte, aber schöne Formulierung »Schreiben werde müssen« zeigt an, dass ich auch schreiben müssen werde können.

Aber ich wäre nicht die ständig zweifelnde, von jeher selbstbewusstseinsbefreite Allgäuer Milchkuh, die ich nun mal bin, wenn ich mich nicht gegen jede Form der Erkenntnis wehren würde.

Also habe ich getrunken. Ich habe so viel getrunken, bis ich keinen Stift mehr halten konnte und mir vollkommen vokalfreie Silben aus dem Mund fielen. Ich hatte ein Jahr lang eine Bier-und-Schnaps-Flatrate in meiner Stammkneipe. Als Erstes führte ich den Wodka-Lemon im Halbliterglas ein, danach erfand ich die Apfelsaft-Schorle-Wodka mit Katerfrei-Garantie.

Mein Renommee als Dorffestrocker war legen– wait for it –där.

Früher wollte ich noch Fußballspieler werden, jetzt ist zwar nicht mehr der Torwart mein Freund, sondern der Barkeeper, aber der lässt mich auch Jeden reinballern, bis ich auf den Knien Richtung Eckfahne rutsche.

Mein Idol, ebenfalls ein verhinderter Kneipenschreiber,

sagt: »Tag ein, Tag aus, schlaf ein, schlaf aus« und »Lieber stadtbekannter Säufer als anonymer Alkoholiker.«

Tage verwischen so wie Regen auf fahrenden Windschutzscheiben, aber ich fahre schon lange nicht mehr selbst, legen– ach, egal! –där entgleisen kann nur der, der sich treiben lässt auf den Wodkaströmen der Biertresen von Großstadt-Piratenkaschemmen. Ich schrieb an Tresen auf Kneipenblöcken. Papier hatte ich nie dabei, ich kam ja zum Trinken.

Ich war auf dem Höhepunkt meiner Kneipenschreiberkarriere – ich war Stammgast des Jahres in zwei Studentenkneipen geworden – als ich zum Poetry Slam kam.

Poetry Slam ist ein schönes Hobby, man kann sich darin verlieren wie in den Augen einer schönen halbvollen russischen Wodkaflasche. Statt in Kneipen verbringt man ganze Wochen auf Bahnhöfen und fährt als Reisepoet von Slam zu Slam. Ich fühle mich inzwischen kompetent genug, um eindeutig klarstellen zu können, dass auf Bahnhöfen absolut rein gar nichts passiert. Bahnhofsromantik gibt es nur in Filmen. Und in Stuttgart, aber ich verliere mich.

Poetry Slam.

Man füllt also irgendwie fünf Minuten Bühnenzeit und sich danach im Backstage ab. Dieses Konzept ist absolut bahnbrechend, und am nächsten Tag sitzt man dann in der Bahn, brechend. Dank Dir, Johnny Walker, an Dir kommt man nicht vorbei, aber selbst auf dem Boden liegend kommst Du immer wieder hoch.

In diesem Jahr war ich wahrscheinlich auf hundertfünfzig Poetry Slams. Wenn ich in meine WG nach Hause komme, bin ich verwundert, dass mein Zimmer noch da ist. Solange ich die Miete pünktlich überweise, bin ich zu Haus' vergessen. Besucher werden herumgeführt, man sagt: »Ja, das ist unser Wäschezimmer, also, der Typ, der da wohnt, ist einfach nie da, ich wohne hier seit zwei Jahren, hab ihn aber noch nie gesehen, angeblich schreibt er, keiner weiß was, aber er hat viele Bücher.«

Warum mache ich das? Eine Frage, die ich mir fast täglich stelle.

Erstens: Im Gegensatz zu Kneipen ist das Bier umsonst, und wenn man bitte sagt, auch der Schnaps.

Zweitens: Slammer sind verhinderte Helden, die verzweifelt nach ihrem Platz im Universum suchen, in der steten Hoffnung, dass dieser nicht an einem Tresen für einsame Herzen sein möge. Ich mag Slammer einfach; kommunikativ, sozial vollkommen inkompatibel mit der Rest-Welt und ständig bereit, ihr Genital allen Herumstehenden zu präsentieren.

Drittens: Auf fast jedem Slam gibt es jemanden, der macht das zum ersten Mal, und wenn da jemand zum ersten Mal mit seinem selbstgeschriebenen Text auf einer Bühne steht, dann umgibt ihn ein Zauber, ja, der Typ funkelt wie ein Vampir im Tageslicht. Der Typ steht da oben, seine schweißigen Hände zittern, seine Stimme bricht in sich zusammen wie bei knabenfrühlingshaftem Stimmbruch, und was er sagt, puh, keine Ahnung! Aber man sieht ganz deutlich, dass der Typ funkelt und glitzert, gerade so, als hätte er den verborgenen Lichtschalter seiner eigenen inneren Disco entdeckt.

Okay, klingt verrückt, aber dann gibt es auch noch die Slammer, die mit zig Jahren Bühnenleben und der Erfahrung von Millionen Kilometern Schienensträngen Geschichten und Gedichte schreiben, die so gut, wahr und echt sind, dass meine Augen vor Freude feucht funkeln und glitzern. Und genau wegen des Glitzerns der Leute und dem in meinen Augen bin ich hier und überall, wo irgendwer glaubt, es wäre eine gute Idee, den Leuten die Möglichkeit zu geben, auf Bühnen etwas zu sagen.

Am Morgen nach dem Slam wache ich auf, mit Glück in weichen Federn, mit Pech im abgeranzten Festival-Schlafsack des Veranstalters, auf einer WG-Couch im Flur eines Studentenwohnheims, hinter einer Pappwand wird chinesisch gekocht.

Ich wache auf und wundere mich, wo ich bin und was passierte, gestern Nacht in dieser mir so fremden Stadt, frage mich, wohin ich fahre, heute, morgen, nächstes Jahr, schlummere weiter, träume von einer Profikarriere beim FC Barcelona und einem Mädchen, das mich endlich sesshaft werden lässt, Tag ein, Tag aus, schlaf ein, schlaf aus, liege wach und wundere mich, so lange bis mir zum Glück wieder einfällt, wo mein Strohhalm seinen Becher hat, ich bin reisender Kneipenschreiber!

Ich mache das nicht wegen des Schreibens, ich bin hier zum Trinken. Mein Lügenmantra, das ich so oft wiederhole, bis es seine Bedeutung endgültig verloren hat.
 Ich mache das nicht wegen des Schreibens, ich bin hier zum Trinken.

Bier und Johnny Walker, ihr füllt mich ab,
aber Tinte füllt mich aus.
Tag ein, Tag aus, Füller ein, füll' er aus!

DALIBOR MARKOVIĆ

SPORTTEXT

bei Anpfiff
    nehm' ich alles in Kauf ohne euch Preis zu geben
bei Anschiss
    nicke ich ohne mit der Wimper zu ducken
[einmal Kopf anheben]
bei Angriff
    boxe ich ohne mein Gesicht zu verlieren
[beatbox ... maximal 4 Takte]
bei Antritt
    rezitiere ich ohne ein Blatt vor den Mund zu nehmen

ich trage mein Blood lieber in den Adern
und geh auf die Bühne
sogar wenn Crips im Raum sind

[beruhigende Geste mit der Hand]
aber
chill ... chill
bevor hier noch ein Krieg ausbricht
schließen wir lieber 'n Friedensverzicht
okay?

[mitspielend]
        ihr müsst lediglich am Ball bleiben
        im Gegenzug mach ich keine Vorwürfe
          von der Drei-Punkte-Linie
            sondern

ich tippel näher　　　hol zu Täuschungen aus
ich dribbel eher　　　eure Enttäuschungen aus
　　　　wechsel flink
　　　　rechts und links
　　　　text und sing
dass eure Defense　　　eigentlich vielfältig
　　tief ins　　　　　eigene Spielfeld tritt
　　　　kleine Finte
　　　mit Bein und sprinte
　　　hinein und springe
ich zeige meinen Dunk durch den Korb den ich euch gebe

[beruhigende Geste mit der Hand]
aber
keine Angst

zwei null in diesem Sport ist wie unentschieden
zwei null in einem Wort ist wie umgeschrieben

[»mit zwanzig« singend]
mit zwanzig brachte mich das Liebesleben auf die Palme
mit zwanzig brachte mich das Bibellesen auf die Psalme
mit zwanzig brachte mich das Weedvernebeln auf: »Pss …
　　　　　　　　　　　　　　　　　　　　Halme
　　　　　　　　　　　　hörst du wie der Wind …
　　　　　　　　　　　　　　durch die Wiese …
　　　　　　　　　　　　　　　　oberkrass oder?
　　also ich weiß nicht wie's bei dir ist aber ich hab Riiiesen-
　　　　　　　　　　　　　　　　　　　　　　hunger.«

und auch jetzt erst verstanden
dass auf Lebensmittelkarten nicht die Orte eingetragen sind
an denen man sich hinten anstellen muss
wenn man keine Mäuse mehr hat
was merkwürdig ist

denn gerade Mäuse wissen am besten
was
        in
        der
        Schlange
        stehen
bedeutet

Ein kleiner Junge löst sich von der Hand seiner wartenden Mutter und möchte von mir wissen, was Demokratie eigentlich bedeutet.

[leicht nach unten beugen]
»Na ja,
das ist so.

Auf der Welt, da gibt es Länder, da herrscht Ungerechtigkeit, und dann gehen die Menschen auf die Straße und demonstrieren dagegen. Dann kommen Panzer und schießen so lange mit Raketen auf die Demonstranten, bis eine ganz große Grube entsteht und alle tot sind. Dann kommt das Fernsehen und macht Aufnahmen von der Grube, und die zeigt das den Menschen in den Ländern, wo nicht sooo viiiel Ungerechtigkeit herrscht. Und wenn die das dann sehen im Fernseher, sind die so empört über diesen Demokrater, dass sie einfach umschalten. Und die freie Wahl, die sie dabei haben, ob im Fernsehen oder in der Politik, nennt man daher Demokratie.

Die handelsüblichen Wirtschaftsformen
erklär ich dir dann übermorgen.«

nur soviel:

Kapitalismus ist Manndeckung
Kommunismus ist Zonenverteidigung
Deutschland feiert das falsche Datum zur
    Wiedervereinigung
aber da geht's Deutschland so wie mir
»Ich habs nicht so mit Zahlen.«
das hab ich letztens auch zu 'nem Kellner gesagt
als er die Rechnung brachte ... und er so:

[ohne Mikro ... wütend ... laut]
»Sind Sie bescheuert?
Wenn Sie nicht zahlen, werd ich gefeuert!«

und da konnte man sie merken
die   Angst   um   den   Job
dabei ist das die falsche Reaktion
wenn einem etwas Angst macht
muss man zurückschrecken:

[ohne Mikro ... ins Publikum hinein]
»Booh!«

ich habe da eine Taktik
nennt sich deeskalierende Provokation:
wird man aus der Ferne angepöbelt
schreit man einfach:

[ohne Mikro ... schreien]
»Bleib doch da wo du bist wenn du dich traust!«

kommt derjenige dann doch näher
und baut sich vor einem auf
fragt man:
»Hast du 'n Poem, oder was?«

fängt er dann nicht damit an
ein Gedicht aufzusagen
bleibt nur eins:

einen linken Haken auf die Nase schlagen
                                                  aber nur andeuten
einen rechten Haken wie ein Hase schlagen
                                             und Flucht einläuten
                                  aber hastig
                              ohne Rast ... denn
rennt er hinterher
                     und fährt euch in vollem Lauf in die Beine
flennt ihr hinterher
                     und stellt euch in voller Lautstärke die eine

             Blutgrätschenfrage:

[Arm theatralisch gen Himmel heben]
»Gibt es eine Liebe nach dem Tod?«

keine Ahnung ...
es gibt so selten eine davor

manchmal hat man Glück
und findet jemanden
der einen korrigiert
wenn man falsch liegt
nachts
im Schlaf
damit einem der Arm nicht abstirbt

ich schaue zu ihr rüber
»Willst du Tee zum Frühstück?«

ich sehe wie sie abnickt

ich steh auf
dreh Wasser auf
setz Teewasser auf

und erwarte den Abpfiff

DIRK HÜLSTRUNK

KORRUPTES GEDICHT

Root Entry
Microsoft Word-Dokument
MSWordDoc
Word.Document.8
Normal
Normal
Überschrift 5
Überschrift 5
Absatz-Standardschriftart
Absatz-Standardschriftart
Internetlink
Internetlink
Überschrift
Überschrift
Textkörper
Textkörper
Beschriftung
Beschriftung
Verzeichnis
Verzeichnis
Untertitel
Untertitel
Sprechblasentext
Sprechblasentext
Kopfzeile
Kopfzeile
Fußzeile

Fußzeile
Times New Roman
Times New Roman
Symbol
Symbol
Microsoft YaHei
Microsoft YaHei
Mangal
Mangal
Mangal
Mangal
Lucida Grande
Lucida Grande

DOMINIQUE MACRI

EINFACH NUR

gar nicht erst anfangen
dir ketten ans bein zu binden
und mich in deinen zu verlieren

gar nicht erst anfangen
zuhause auf dich zu warten
mir den nicht vorhandenen bart zu zupfen
aus langeweile
und weil du immer noch nicht wieder da bist

gar nicht erst anfangen
erbsen zu zählen
die keiner von uns gerne isst
sie schälen pürieren chiffrieren
und dich dann zwingen zu entziffern
was ich damit sagen will

hey.
merkst du nicht
wie weit es schon gekommen ist mit uns?
es gibt erbsen zum mittagessen.
und hinterher dann vorwurfsvoll fragen
ob's denn nicht geschmeckt hat
und du sagst
ja. danke. echt lecker.

nein.
einfach stattdessen jeden tag
pizza essen und schokolade
autos mieten und zechen prellen

gar nicht erst anfangen
rechnungen zu öffnen
die an uns beide adressiert sind

herr und frau von gar nicht erst
dich fragen müssen wo du warst
so lange noch und mit wem denn

gar nicht erst anfangen
dir beim lügen zuzuseh'n
und genau zu wissen
dass jetzt in diesem moment
alles verloren ist

einfach so frei sein
mich frei zu machen
in unseren wahrheiten zu baden
wie in milchsuppe mit honig

einfach
hallo anna.
wir schlafen mit demselben mann.
magst du lieber rooibos oder grünen tee?
ich hab auch noch'n halben schokoriegel
der ist eben in seiner hosentasche geschmolzen

einfach
gerade raus sagen
und gerade rein hören
was es zu sagen und zu hören gibt

statt worte drehen und wenden
tausend fragezeichen im kopf
wachsen zu lassen
und jeden tag den zweifel zu gießen
wie eine kleine wunde

gar nicht erst anfangen
mit kaltem wind im gesicht dazustehn
sich in einer umarmung verlassen zu fühlen
und in einer wärme erfroren

einfach neben und mit dir stehen
auf einem teller mit radieschen
und gar nicht erst anfangen zu zählen
ob du nun ein radieschen mehr als ich
oder nicht

einfach
der zuckerliebe ins gesicht seh'n
und sie freundschaft nennen
damit sie frei bleibt
und mich in ruhe
meine arbeit machen lässt

einen kuchen daraus backen
dick und rund werden davon
aber jeden tag in einem neuen ofen
einem neuen kühlschrank
einer neuen küche mit dir
damit wir nicht stehen bleiben

gar nicht erst anfangen
'nen kühlschrank mit kühlfach zu kaufen
der so schwer ist
dass man allein schon weil er da ist

einen umzug nicht verantworten könnte
und die waschmaschine erst
und der trockner
nein!

einfach nur deine freundin sein
dein team
und dein schokoladenüberguss
wenn's draußen nur erbsen zu essen gibt
mein ohr für dich auf die schienen legen
wenn die anderen nur ein halbes für dich haben

da sein
dich mit schnee bewerfen
damit du endlich wach wirst
und dich
wenn alles schreit und schimpft um dich rum
schlafen lassen
weil du eben müde bist

dir den kleinen finger verbinden
den du gegen die wand gehauen hast
weil du so zornig warst
und nur nicht schuld daran sein
gar nicht erst anfangen schuld daran zu sein
dass du wütend und traurig und mürbe bist

einfach nur
sein
mit dir
und deshalb nein

ich weiß was dagegen spricht
dass diese beiden hier
für immer

in guten und schlechten zeiten
ein paar und bla

gar nicht erst anfangen
irgendwas zu müssen

du darfst alles
und ich bin einfach
deine freundin

EGON ALTER

DIE GENESIS-REKLAMATION

Am Anfang schuf Gott Himmel und Erde
Am achten Tag schon empfing er die erste Beschwerde

Vor ihm stand, und das ist Fakt
Ein Menschlein, ganz nackt
Das sich lautstark vor ihm empörte
Und sagte, woran es sich störte:

»Was soll'n das werden, wenn es mal fertig ist?
So geht's ja wohl nicht, das ist doch nur Mist!
Hm, hat denn vielleicht jemand intern Scheiße gebaut
Und ein eigentlich gelungenes Konzept versaut?

Wie jetzt? Hast in sechs Tagen alleine alles hochgerissen?
Und liegst jetzt schon auf dem Ruhekissen?!
Was soll'n das heißen:
›Es werde Licht! Und es ward Licht …‹
Von wegen: Mal isses hell
Und mal wieder nicht!
Von wegen auch: ›Das Trock'ne vom Wasser geschieden‹
Und warum regnet's dann ständig hienieden?

Und hör mal, von wegen:
Es wär' nicht gut, dass der Mensch allein sei
So 'n Quatsch, ich fand ja gar nichts dabei!
Würd' mir noch'n paar ruhige Tage gönnen
Du hättest mich vorher mal ruhig fragen können!

Ja ja, hab gehört, was das hier sein soll: So 'ne Genesis!
Aber, wenn die so aussieht, dann nemesis
Doch bitteschön wieder zurück
Und versuchen noch einmal Ihr Glück
Ja ja, ich weiß: Das ist hier eine Schöpfung
Aber ich bin auch so ein Geschöpf und
Ich finde das alles viel zu gigantisch
Und dann doch wieder dilettantisch!

Wie wär's denn mal wieder so wüst und so leer
Das gab doch auch ganz gut was her
Aber jetzt: Was da so alles wimmelt und kreucht!
Heut' hab ich wieder 'ne schlampige Schlange verscheucht
›Ssst ... sss ... sss ... ey Alter,
willste 'nen Apfel, is' voll die verbot'ne Frucht!‹
Mann, wie die rummacht, so ein' auf krass und verrucht!
Aber andererseits: Was ist das auch für ein Idiot
Der den Genuss von Früchten verbot?«

So sprach der Mann aus dem Garten Eden
Und er hörte nicht mehr auf zu reden
Fuhr fort mit seinen Anklagen
Schließlich hörte Gott ihn sagen:

Das ist doch gar nicht von dieser Welt!
Und er hätte das bestimmt nicht bestellt
Ständig so ein komisches Wetter
Kurzum: Keine Ahnung hätt' er!
Und die da oben machen ja doch, was sie wollen
Hier unten müssten sie wie sie sollen:
Fruchtbar sein und sich fröhlich vermehren
Nein danke! Und wer er überhaupt wär, denn
Was bilde er sich eigentlich ...

»Hier, he, Moment mal!«,
grummelte der himmlische Patron
»So nicht, nicht in diesem Ton!«

Darauf erwiderte Erdenmann:
»In welchem dann!?«

»Pff ... Hmpfhmgnprfhm!«, resignierte Gott
und ward seitdem nicht mehr gesehen
Das kann man dann ja irgendwie auch verstehen

ETTA STREICHER

HAUT

ich
habe einen körper
darum haut

bin in haut
geboren
bin in haut
aufgewachsen
bin in haut pubertiert
bin in haut groß geworden
bin in haut erwachsen
heute
mich nicht

kann nicht
aus meiner haut
stecke da so lang schon drin
ich war zuerst
da drin

später kamen andere
steckten etwas oder sich rein
ließen was da
und verschwanden

oder sie nahmen alles wieder mit
in einer tüte
so macht man das

heute
mich nicht

will nicht
aus meiner haut
brauche haut
aus prinzip

das prinzip der erotik beginnt an dem punkt
an dem der mensch nackt auf die welt geworfen wurde
hilflos nackt und bloß
gestellt in die welt zwischen nackte artgenossen
die frieren und sich schämen

deshalb unter den decken der heimlichkeit
ihr nacktes fleisch
darum ihre haut
ihre nackte haut
ihre arme haut
ihre arme
ihre beine
und das dazwischen
unter den decken
aneinander ineinander reiben
reibung macht warm

mensch nimmt mensch in den arm

weißt du
der liebe gott
hat uns mit absicht nackt gemacht
und dann macht er die welt manchmal irgendwie kalt
und das schönste für uns ist dann
ganz nah und nackt
an einem nackten anderen körper zu liegen

und noch näher und wärmer und schöner wird das
wenn wir uns aneinander reiben
dann geht es uns gut
und wir können und wollen an nichts mehr denken
und dann sind wir nur noch glücklich
und der gott ist auch glücklich
und wir machen das auch so gerne
und er schaut sich das auch so gerne an
weil wir ja sein spielzeug sind
und der gott will immer noch mehr spielzeug
und das kriegt er dann auch
von uns
nach ein paar monaten
das hat er sich ganz liebevoll ausgedacht
der liebe gott ist nämlich ein fuchs
und wir sind gänse
in haut

mensch nimmt mensch in den arm

umarmt
um seine hilflosigkeit zu vergessen
säfte aus körpern in körper pressen
nimmt kämpfen und krämpfen und klagen und kräfte messen
den sinn

mensch gibt sich hin
in die haut
die vertraute
ehrliche haut
kann nicht lügen

ist an ihre härchen gebunden
treu und doof und frei
wie ein hund

dumm
wie eine gans
körper
befinden sich in haut
winden sich in haut
das ist das größte
organ

die haut

sie mag honig
sie mag sonne
sie mag öl
und hände

und in händen sein
in guten händen sein
und auf lenden an lenden in lenden sein
sie will
raus und rein
und sein
wie sie ist
sensibel

und belle ist französisch für schön
haut an haut schön

atmen die poren
der atem die ohren die augen die lider
der widerstand vom fleisch
berührung auf die haut gehaucht
ins fleisch gegraben
eingeprägt
wie eine erinnerung
ans jung sein

lass uns unter die haut gehen
da ist es weich und warm
unter ihrer oberfläche
die schwäche suchen
den puls
die zeit

der weg einer haut ist weit
ist taub blind stumm
dreht sich nicht um

kann nichts ausrichten
kann nichts bewegen
wird bewegt

kann bloß schwitzen stinken zittern tanzen
im großen und ganzen
existenzen in fältchen einlegen

auf jeden falten geschichten schreiben
das leben zeichnet sich ein
graviert
in gesichter
konserviert
in haut

das ist das schönste
das größte organ

wahn
sinn
ich

habe einen körper
darum haut

bin in haut
geboren
bin in haut
aufgewachsen
bin in haut pubertiert
bin in haut groß geworden
bin in haut erwachsen
häute
mich nicht

heute nicht

FELIX RÖMER

ZU TIEF ZUM SCHWIMMEN

ich habe versucht mich fallen zu lassen
und dachte schon ich fiele
wollt nicht nach der Reißleine fassen
wollt ungebremst zum Ziele

doch ein unsichtbares Band
wurd' mir einst ans Herz gebunden
von einem der den Zugang fand
er zerrte dran und riss ihm Wunden

die sickern leise noch heute
denn ich hab' sie nie wirklich geheilt
manchmal ahnten sie Leute
dann bin ich ins Weite enteilt

denn ich hatte Angst vor den Schmerzen
wenn man mir die Kruste nimmt
die schützend wuchs am Herzen
und dass dann die Welt nicht mehr stimmt

es liegen so viele Sachen
verborgen mit Atemnot
und ich weiß ich muss etwas machen
sonst sind sie in Bälde wohl tot

und die meisten sollen nicht sterben
sie war'n schön vor 'ner Ewigkeit

jetzt müssen sie lautlos verderben
sie blühten zu nahe am Leid

ob ich wohl den Weg dorthin find
um einfach zu ihnen zu gehen
um zu sehen welche sterbenswert sind
und die anderen mit mir zu nehmen

ich weiß das geht leider nicht
nur das Gute holt man nicht vor
es muss leider alles ans Licht
doch fürcht' ich mich noch so davor

du sitzt vor mir tief verletzt
und ich kann dir nicht sagen
so war es oft so ist es jetzt
ich kann es nicht ertragen

hätte irgendjemand dir
so wie ich grad wehgetan
wär' ich sicher außer mir
und täte ihm was an

Liebste beide scheitern wir
alle scheitern wir an mir

JENS JEKEWITZ

WIESBADEN

Wiesbaden ist blau und gelb / dieses gelb, das die straßenlaternen auf die schwalbacher werfen, von der mitte der straße aus, beruhigend, *Wiesbaden* macht keine angst, *Wiesbaden* macht müde beine am abend, wenn die entfernung falsch eingeschätzt wurde / *Wiesbaden* ist eine dartscheibe / ring über ring / zielst du daneben, brichst du schreiend zusammen / *Wiesbaden* lässt dich schreien / wie lange die blätter an den bäumen bleiben / wie lange die äste festhalten – september, oktober, november und weiter …

Wiesbaden ist ein schwarzer ast, ein dunkler mantel aus den fünfzigern, ein schwarzes pisserinnsal am hauseck für mich und ich springe, eine schwarze quelle an jeder ecke für alle, zack-zack, wach bleiben, es wird kalt nachts, wach bleiben! Die stimme kommt von der parkbank, die touristen drücken die auslöser, zu hause gibt es keinen dreck, keine parkbank, kein erstes bier am morgen, klick-klick, ein verzweifelter blick, klick, ein wissender zurück, klick, nächstes motiv – gelächter hallt nach, eine kerbe mehr und noch kein friede / *Wiesbaden* rückt seine denkmäler gerade, noch ein bisschen, an die rampe / *Wiesbaden* bewältigt vergangenheit / *Wiesbaden* malt sich den kranzplatz neu, voller leute und jeder ist ein held – die farben auf den kopf stellen, und die köpfe auf den kopf stellen, und die gedanken auf den kopf stellen.

Weiter weg von dem punkt, um den sich alles drehte / der punkt wurde achse und die hebel länger und kein entrinnen /

unvermeidlich fort von dort, wo man begraben liegt / wo sie
pflastersteine eingraben mit namen versehen / die bekommt
man bei der geburt auf den rücken tätowiert / schwerkraft
erzeugen / um die achse / zwischen dem und dem und dem /
einen fuß vor den anderen setzen wie eine rolltreppe.

Wiesbaden überfährt dich mit den ESWE-bussen, den kon-
trollblicken (einbildung) / dem griff in die tasche nach ticket/
kleingeld – leer! / *Wiesbaden* überfährt dich mit taxen, den
leuten auf dem weg zum kurhaus / *Wiesbaden* ist das zittern
unterm polizeihelm, keine bewegung, keine bewegung / reibung erzeugt wärme, von einem bein aufs andere, zack-zack
im pissepfützenrhythmus / *Wiesbaden* ist der taubenschiss
auf einer statuennase / das sieht aufgedunsen aus / pelzig /
ein pelzmantel vorm staatstheater / ein nerz vorm casino /
zwei menschen im abteil und kein schicksal.

Wiesbaden ist eine kiste voll mit büchern, die ja keiner lesen
will / *Wiesbaden* ist frostig, wenn die geschäfte schließen /
Wiesbaden ist ein altkleidercontainer am platz der deutschen
einheit / *Wiesbaden* ist sprühfarbe aus den achtzigern (hört
auf zu denken, fühlt!) / die hand vor augen.

Wiesbaden ist nicht stonehenge, *Wiesbaden* ist nicht rom,
Wiesbaden ist nicht ruhe und kraft / *Wiesbaden* ist nur der
schlachthof / wo ist das? / da gehen alle hin / mit unschar-
fem blick und verrotzter nase / einen widerstand im kopf /
einen herbst in den späten siebziger-jahren, grau und braun,
die familie: ein paar striche in der landschaft, eine fahrt in der
nerobergbahn von rechts durchs bild / die atemluft sichtbar
vor kälte / *Wiesbaden* ist ein blick in den hinterhof und drinnen stehst du.

Wiesbaden drängelt dich im laden / *Wiesbaden* ist ein bezahl-
tes schauspiel – bezahlt dafür, dafür zu sein (wie überhaupt

hessen das größte aller theater ist) / *Wiesbaden* fordert (das BKA bleibt) mehr kameras in der stadt / *Wiesbaden* dreht sich um beim lachen / *Wiesbaden* hält sich eine hand vors maul, schlechte zähne, hoch die flaschen! / die korken aus gold / verfang dich am rostigen stuck der bauarbeiter und reiß dir ein gottverdammtes loch in die jacke.

In *Wiesbaden* ist der Bus eine saloontür / immer wenn sie aufgeht / zücken die junkies wie nervöse westernhelden ihre bettelbecher / *Wiesbaden* dreht sich den leeren schlachthofmagen um / extasy / *Wiesbaden* hat gott ins kurhaus gesperrt / er sitzt und trinkt prosecco / ein kleines *Wiesbaden*erkind hat ihn entdeckt und zeigts mit dem finger: (da, da sitzt der liebe gott!)

Die räucherkammer wird ausgeräuchert / erstickungsgefahr / feuer brennt alles weg bis zum himmel / *Wiesbaden* hat (ein gedicht am bauzaun) / ich schreib es in den sand / *Wiesbaden* weiß, wann zu spaßen ist / *Wiesbaden* sitzt seine regierung vor dem rathaus auf bierbänken und an bistrotischen aus / *Wiesbaden* schwitzt sich ein kunstwerk aus den hügeln / gestählt und bunt.

Wiesbaden hat folklore / aber kaum volk / *Wiesbadens* rand franst aus / verwittert und unaufhaltsam wie die ränder alter schatzkarten / bis nichts als unerforschte gebiete bleiben.

Wiesbaden ist / ein rotes ohr / ein klingeln am ende der zeile.

Und WIR sind das ausrufezeichen direkt vor dem rand / denn wir sind *Wiesbaden*.

MARTIN SIEPER

AM HEILIGEN ABEND

»Ja, du bist ja ein Hübscher! Ja, komm mal her, und wie groß du geworden bist!« Unzählige schrumpelige Hände berühren mein Gesicht und kneifen in meine Wange. »Ich kannte dich noch als du sooo klein warst, erinnerst du dich noch? Erinnerst du dich noch?«

Natürlich kann ich mich nicht erinnern, aber damit liege ich ja voll im Trend. Viele Menschen können sich irgendwann einfach nicht mehr erinnern, Helmut Kohl, Christoph Daum, katholische Heimleiter, …

»Hach, du kommst so nach deinem Oppa, braun gebrannt ganz wie der Oppa, als er nach so vielen Jahren endlich aus der Gefangenschaft in Italien nach Hause kam.«

»Da sind wir immer in der Adria schwimmen gewesen!«, fügt Oppa hinzu. Da waren zwanzig Jahre Gefangenschaft im Elternhaus aber schlimmer, denke ich mir. Loser. Aber ich schweige.

»Ich hab dir mal das Spurenlesen im Wald beigebracht, weißt du das noch? Weißt du das noch?«

»Weiß ich noch, Oppa, weiß ich noch! Ich kann das auch immer noch gut gebrauchen, wenn ich morgens die WG verlasse, um unser Essen zu jagen.«

»WG?«

»So was wie Stube, Oppa, nur dass wir nicht um fünf Uhr zum Frühsport der Hitlerjugend müssen.«

»Wir hatten doch damals nichts!«

»Ich hab auch nichts, Oppa, hat sich also nicht wirklich viel verändert.«

»Und um fünf müsst ihr aufstehen?«

»Nein, Oppa! Heimkommen, heimkommen.«

»Ja ja, zu Hause ist es doch immer noch am schönsten.«

Und wie, kann mich kaum halten vor Freude, Familienfeste sind so unglaublich spannend. Ich sollte mir auch mal Hobbys zulegen, wie meine Geschwister, die immer die passenden Ausreden zur richtigen Zeit haben. Mit »Lernen« kann ich es nicht mehr versuchen, »Lernen« ist als Ausrede bereits zu sehr ausgereizt, das glaubt mir niemand mehr. Nein, ich habe kein Hobby, jedenfalls keines, das man am Wochenende ausleben kann. Zumindest nicht tagsüber.

»Oppa«, setzt Omma fort, »nun gib dem Jungen doch mal etwas Geld, es ist doch bald Kirmes!« Oppa greift in die Tasche und überreicht mir höchst feierlich: Zwei D-Mark. Ganze zwei D-Mark, ungefähr ein Euro, eher weniger, also ein halbes Bier vielleicht, einmal Autoscooter ein- und gleich wieder aussteigen, beim fliegenden Teppich eine halbe Umdrehung, mit Rücksicht auf die Eltern vielleicht eine ganze, praktischer fürs Aussteigen. In jedem Fall klingen zwei D-Mark nach unglaublich viel Spaß.

»Und du arbeitest jetzt in Marburg?«

»Ich studiere, Oppa, das ist … irgendwie was ganz anderes.«

Es folgt eine kurze Abhandlung darüber, dass er ja schon mit siebzehn im Versorgungsbataillon der Wehr gewesen wäre, woraufhin ich zugebe, dass ich mich auch immer ganz hinten verstecke, mit der Ausnahme, dass es bei mir nicht der Graben, sondern der Hörsaal ist. Aber Brennpunkt ist Brennpunkt.

Später werden die Gesellschaftsspiele ausgepackt. Die Stimmung erreicht den Siedepunkt, als Oppa auf die Frage, welche Zeitung denn den alljährlichen deutschen Fernsehpreis verleiht, mit voller Überzeugung antwortet: »Der Stürmer!«

Zur allgemeinen Auflockerung der peinlichen Stille meldet sich dann mein Onkel zu Wort: »Was wir brauchen, ist nochmal so eine Baader-Meinhof-Bande, so eine richtige Baader-Meinhof-Bande, die in Deutschland aber mal so richtig aufräumt!«

Gott sei Dank klingelt mein Handy.

»Hast du auch so ein Funkgerät, Junge?«

»Das ist doch kein Funkgerät, wir haben früher noch so richtig gefunkt. Ich zeig dir mal, was so ein richtiges Funkgerät ist!« Oppa greift in sein Sakko und bringt das vermutlich erste überhaupt am Markt erhältliche Handy zum Vorschein.

»Das hat 'ne schöne große Tastatur, 'ne schöne große Tastatur hat das!«

Oppa liebt sein Handy, wobei ich der Meinung bin, dass dieser Totschläger den Begriff »Handy« in keinster Weise verdient hat. Aber er ist glücklich, wenn man es bewundert.

»Bist du eigentlich mittlerweile verheiratet?« Omma schaltet sich wieder ins Gespräch ein.

»Nein, bin ich nicht.«

»Und wer macht dir dann die Wäsche?«

»Meine Putzfrau, Omma! Was denkst du denn?«

»Du hast 'ne Putzfrau?«

Ich falle von einer Ohnmacht in die nächste.

»Na klar, Omma! Welcher Student hat keine Putzfrau? Irgendwie müssen die Semestergebühren doch versenkt werden.«

»Die ganze Munition haben sie im Bodensee versenkt! Die ganze Munition!«

»Oh toll, Oppa, bist du da auch schwimmen gewesen?«

Oppa schweigt.

»Und was machst du in deiner Freizeit?«, setzt Omma nach.

»Einiges, Omma! Letzte Woche bin ich einer internationalen Terrororganisation beigetreten.«

»Zum Englischlernen?«

Ich falle von der nächsten Ohnmacht in die übernächste.

»Ach, ich finde das toll, Junge, soziales Engagement ist so unglaublich wichtig heutzutage. Und welche Ziele verfolgt ihr so?«

»Heiliger Krieg, Omma, heiliger Krieg.«

»Es ist so schön zu sehen, dass ihr jungen Leute heute noch euren Weg zum Glauben findet.«

Ich überlege, ob ich von genau diesem Glauben abfallen soll, als Oppa sich wieder einschaltet.

»Ich war auch im Krieg!«, protestiert er.

»Oppa, du warst in der Adria schwimmen! Wenn, dann war das lediglich ein kriegsähnlicher Zustand.«

»Sagt wer?«

»Na, unsere Kanzlerin.«

»Die kommt doch von drüben, von drüben kommt die doch! Dem Honecker habt ihr doch auch nicht jeden Scheiß geglaubt!«

»Oppa, erstens gibt es heute kein ›ihr und wir‹ mehr. Und zweitens, wieso überhaupt ›ihr‹? Ich komme doch gar nicht aus den neuen Bundesländern!«

»Aber du studierst in Marburg, Kommunisten seid ihr, alles Kommunisten!« Er ist inzwischen aufgestanden, hebt nun seinen heiligen Holzgehstock in Bambus-Imitation in die Höhe und schlägt ihn mit voller Wucht auf den Teppichboden. Ich muss lachen, das Ganze sieht aus, wie eine Sequenz aus »Herr der Ringe – die Gefährten«. Untermalt wird alles von einem schrillen Signalton, den sein Hörgerät aussendet.

»Na, Gandalf? Befehl von ganz oben oder ist der Ring in Gefahr?«

Ich habe meinen Spaß, nur meine Mutter schaut böse zu mir herüber. Finde ich unfair, als Kind wird man ja auch ständig verarscht, beschließe jedoch, meine Familie in Zukunft wieder häufiger zu besuchen.

Nach einer Partie Tabu, die sehr schnell vorbei ist, da

mein Vater die zu erklärenden Begriffe grundsätzlich mit den Worten umschreibt, die ebenfalls auf den Karten stehen, wird das Essen serviert und ein erfolgreicher Familientag neigt sich langsam dem Ende entgegen.

PETER JANICKI

DIES IST EIN ALBERNER TEXT – ICH WIDME IHN ALLEN ALBANERN

»Kein Wasser mehr für Jesus!«

Das Gesicht der Stewardess war nicht von einem verärgerten Gesicht zu unterscheiden, wieso auch, wir hatten uns ziemlich heftig um die Armlehne gestritten. Außerdem verwandelte Jesus sein Wasser ständig in Wein, sodass er mittlerweile ziemlich betrunken war. Ich war gerade dabei, ihn auszulachen, da sagte die Stewardess, dass ich keinen Tomatensaft mehr kriegen würde. Ich schaute sie an: »Ey«, sagte ich, »ich bin der Typ der beim erbitterten Kampf um die Armlehne gegen Jesus gewonnen hat. Mehr Respekt bitte!« Ich bekam trotzdem nichts mehr und spielte beleidigt mit dem Salzstreuer. »So geht das nicht«, dachte ich mir, stand auf, nahm den Salzstreuer, meinen Rucksack und verließ das Flugzeug.

Das war vielleicht nicht direkt klug gewesen, weil das Flugzeug flog ja hoch über den Wolken und ich hatte ja auch keinen Fallschirm. Doof, wenn ich so schnell da unten aufpralle, das ist nicht gut. Ich sollte versuchen, mein Gewicht zu reduzieren. Ich trank einen Tee, einen Kara-Tee um genau zu sein, und entfernte mir dann mit einem Handkantenschlag beide Unterschenkel. Damit hatte ich bestimmt einige Kilo gespart. Wurde aber nicht langsamer. Frustriert steckte ich die Unterschenkel in den Rucksack. Sicherheitshalber nahm ich mir noch die Oberschenkel ab, das half auch nicht, tat aber weh. Ich pustete ein wenig und suchte mir Pflaster aus meinem Rucksack.

Ich fiel immer noch. Irgendetwas müsste ich mir wohl einfallen lassen. Fliegen müsste man können. Wer kann fliegen? Ich überlegte. Vögel können fliegen. Ich nicht. Demnach wäre ich keine Vögel. Hm. Das stimmte, ich war ja nur einer und Vögel ist ja Plural. Aber Vögel könnten mich tragen. Ich trennte einige Nähte meines Pullovers auf, bastelte mir daraus mehrere Schnüre, befestigte daran jeweils ein süßes Gummibärchen und warf die Dinger als Köder aus. Insgesamt fing ich zwei Möwen und einen Seeadler. Dies verlangsamte meinen Fall leider nicht wesentlich. Ich fiel immer noch.

Wenn man schnell auf dem Wasser aufkommt, dann kriegt man gar nicht mit, dass Wasser ja weich ist, selbst wenn man dran denkt. Das tut dann sehr weh. Da ich mittlerweile nur noch wenige Zentimeter von der Wasseroberfläche entfernt war, tunkte ich auch mal probehalber einen Finger ins Wasser und tatsächlich: bei meiner Fallgeschwindigkeit war es sehr hart. Hui. Plan? Plan: Ich löste für einen kurzen Moment die Pflaster von meinen Beinen, das Blut schoss heraus und der Rückstoß bremste meinen Fall. Ich wartete noch die ein oder andere Welle ab, damit das Blut weg war, weil sonst saut man sich ja die Kleidung ein.

Da versinken langweilig ist, konnte ich mich nun wieder dem Beleidigtsein widmen. Ich verschränkte die Arme und war sehr beleidigt. Das tat gut. Auf dem Meeresgrund fiel mir ein, dass da quasi kein Sauerstoff ist. Das war doof. Allerdings ist ja allgemein bekannt, dass Wasser von Salz angezogen wird – siehe Weltmeere. Oder Wüsten: Kein Salz, kein Wasser. Also nahm ich meinen Salzstreuer und schleuderte ihn weit weg von mir. Das Wasser stürzte sich auf den Salzstreuer und hinterließ mir eine geräumige schöne Luftblase.

Das war sehr gemütlich. Vögel zwitscherten, Blumen blühten, Schmetterlinge schmetterten und Elefanten tranken Fanta. Manchmal wollte die Luft nach oben entkommen, aber ich hatte mir ein Loch gebuddelt, es schwarz angemalt und immer wenn die Luft abhauen wollte, lupfte ich es ein wenig – die Luft stürzte sich dann aufs Schwarze Loch, aber kurz bevor sie da war, bedeckte ich es mit meinem Rucksack und dann war die Luft irritiert und stand wieder blöd rum.

Letztlich kam es jedoch, wie es kommen musste, irgendwann verlor der Salzstreuer die Anziehungskraft. Das ist ja oft so, erst findet man neue Sachen ganz toll, Spielzeuge, Musik, Moral oder Bier, aber schon nach kurzer Zeit ist es dann auch mal gut und man will neue Sachen, zum Beispiel Spielzeuge, Musik, Moral oder Bier. Mir war langweilig. Ich machte mich weg.

Ich schluckte eine der da rumwachsenden Pflanzen in meine Lunge, machte dann meine Taschenlampe an und ließ sie der Pflanze folgen. Nun hatte ich eine Pflanze in der Lunge, die kriegt auch Licht und konnte nun meinen Sauerstoff produzieren. Ich schluckte noch einen Ventilator hinterher, damit sich die Luft besser verteilte. Ich überlegte, ob ich auch noch eine Solarzelle hinterherschlucken sollte, entschied mich aber dagegen, denn wenn die Taschenlampe alle ist, dann macht die Solarzelle ja auch keinen Strom für die Taschenlampe. Die Pflanze produzierte Sauerstoff, meine Lunge blähte sich und ich stieg gemütlich auf. Irgendwann war ich an der Wasseroberfläche. Was nun?

Ich versuchte, das Wasser aufzumachen, um mit Hilfe des Wasserstoffs aufzusteigen. Leider zerrann es mir stets zwischen den Fingern. Müsste das Wasser irgendwie fixieren. Dachte, dass vereisen eine gute Idee wäre. Kälte ist ja, wenn sich Atome und Atomkrümel nur ganz wenig bewegen, wenn die ganz still sind. Ich versprach den Atomen ein neues Fahrrad wenn sie still sein würden, das klappt bei Kindern, aber die meisten Atome sind ja älter. Deswegen war auch nix mit Einschlafliedern. Also Entspannung für Erwachsene: die gute alte Progressive Muskelentspannung. Wir machten das eine ganze Weile bis ich einen richtig großen Eisberg hatte. »Da steckt bestimmt ein richtig großer

Wasserstoff drin«, dachte ich mir, aber erst müsste ich ihn noch aufkriegen. Das ist nicht einfach, denn Eisberge haben ja leider keine Klingel, wo dann vielleicht jemand aufmacht. Da meine Kleidung aber eh ruiniert war, nahm ich mir einen Reißverschluss ab und hämmerte ihn in das Eis. Dann öffnete ich den Reißverschluss und lockte den Wasserstoff heraus, er stieg langsam empor, ich hielt mich an ihm fest und gewann so stetig an Höhe.

Leider krabbelte auch der Sauerstoff raus, er sagte »ich bin Reiner« und ich dachte mir: »Scheiße«, weil auch ich weiß, dass Reiner Sauerstoff aggressiv ist. Hätte ich Süßstoff dabei, hätte ich ihn bekämpfen können – Süßstoff gegen Sauerstoff – hatte ich aber nicht. Also kletterte ich den Wasserstoff hoch, lehnte mich dann herab und zündete den unteren Teil des Wasserstoffs an. Das tat ihm sehr weh und mir sehr leid, aber er ging ab wie 'ne Rakete. Kurze Zeit später war ich wieder am Flugzeug. Dort klopfte ich an die Flugzeugtür und erst wollte das Flugzeug einfach weiterfliegen, aber dann zeigte jemand auf meine fehlenden Beine und für Behinderte war der Pilot bereit, einen Moment zu warten. Was ein Glück. Zurück auf meinem Platz holte ich mir meine Beine aus dem Rucksack und machte sie wieder dran.

Dann spuckte ich den ganzen Scheiß aus der Lunge und ich staunte nicht schlecht, denn die Pflanze war ein Tomatenstrauch gewesen und nun trug sie schöne Tomaten. Ich machte mir ein wenig Tomatensaft, aber als ich dann mal kurz nicht aufpasste, machte Jesus Wein draus. Auch gut, ich prostete ihm zu und legte meinen Arm auf die Armlehne.

STEFAN DÖRSING

TECHNO-GEDICHT

Techno-Beat whalla whalla bumm bumm.
Der Techno und Rave-Sack geht um,
wer nicht tanzt und nicht lacht,
kriegt den Buckel blau gemacht.

Wir tanzen, bis die Füße brechen,
wir trinken, prellen uns're Zechen,
wir lieben das Leben und vergessen
uns're Namen, uns're Damen
unser aller Scham.

Glitzer, Glitzer im Gesicht, du bist so schön,
mit deinem Glitzer und Knicklicht.

Konfetti, Konfetti in den Haaren,
du bist so schön mit
Zigarette, Gin-Tonic
und Konfetti in den Haaren.

Wir zerlegen Laden, Boxen,
Theke und Desktop,
wir lieben Berlin, das Leben,
den Feiermob,
es gibt kein Zapfenstreich,
nur Reiher-Stopp,
wir feiern dort,
wir feiern dort.

Techno-Beat whalla whalla bumm bumm.
Der Techno und Rave-Sack geht um,
wer nicht tanzt und nicht lacht,
kriegt den Buckel blau gemacht.

Na, komm schon …

Ich weiß, ich bin 'n Dude,
der hat noch jeden Trend verschlafen,
aber heute Nacht, da zeig ich's dir,
denn – ich hab Getränke-Marken.

Einmal Freude, immer Freude.

Dein Fahrrad lass am Geländer parken,
mit 'nem Enterhaken aus guter Laune,
das sind gute Aussichten, die
mehr als nur ein Fenster haben.

Na, komm schon …

Gib dir einen Ruck und
nimm deinen Freund an die Hand,
macht euch auf den Weg,
heute Abend Staatstheater Standesamt.

Macht aus einer Nacht nicht nur eine Nacht
sondern eine Ewigkeit
im Poetry-Hessenslam-
Piratentechno-Federkleid.

Techno-Beat whalla whalla bumm bumm.
Der Techno und Rave-Sack geht um,
wer nicht tanzt und nicht lacht,
kriegt den Buckel blau gemacht.

TELHAIM

PARKBANKIMPRESSIONEN

Ein erträumtes Bild von Brathähnchenfluglotsen
lässt aufschrecken
hier auf dieser Parkbank

Ein paarmal stand
ein Clochard Aug zu Aug
heute taucht das schummrige Abendlicht
den natürlichen Gabentisch ins Allfarbendlich

Diese Buntheit im Innern der baldigen Erinnerung
spukt vorab in zeitlosen Zimmern herum
bis Glühwürmchen den Punkt markieren
Verlieren des Balanceakts statuiert den Salonfakt
dass jeder seine Chance hat

Dieser Baumhüne stellt kein Artefakt dar
kein startklarer Makler verhökert an ein Parkpaar
verpackbar sind Träume nie gewesen
stellenweise ersetzt der aufgeplusterte Pudel den Besen

Einst geschaffene Landstriche sind amtliche Stammtische
für die, die blind schleichen entlang mausgrauer Anstriche
sprachlos kitzeln die Grasnarben
wie Ziegennasen, deren Besitzer wir verträumt Gras gaben

Maßgeblich für den Grad der empfundenen Bedrängnis
ist ob die eigene Furche des Daseins zu eng ist

dieser Boden reagiert allergisch auf Breitreifen
abseits der zivilisatorischen Kreidekreise lässt sich Streit
                                                                  meiden

Eine Baseballschlägerlänge lang schlängelt sich der Zweifel
                                                                         heran
bis der Gebirgsquellwasserlauf zum Fluss heranreifen kann
Erkenntnisse im stadtluftgeschwängerten Bootcamp
garantieren den Inhalt
dass jeder die Kluft zwischen Mut und Wut gut kennt

Sortiere die Puzzlestücke
füge zusammen
es passt wie Ghostface und Wu Tang

A-rhythmisch perfekt zittert das Espenlaub
Was klaute der, der der Wespen Festessen kaut?

Tagelang Tango tanzen in der Taiga
wird substituiert
durch Teigtaschen kauen in Parks
von Frankfurt nach Flensburg bis Haiger

Bis tief in die Nacht rauscht der Abendwind
durch den Dreitagebart
und die Baumhünen lehren
dass auch der Gesprächigste
manchmal zu schweigen hat

TILMAN DÖRING

WIR SIND NICHTS ALS

wir sind nichts als torkelnd talkende talkmaster
                                                  unsrer eigenen show,
verliern den verstand und bleiben stehn
                                         vor lauter stopn and go,
geilen uns auf im gogogirlrausch,
                              rauschen vorbei und rauchen uns high,
sind im flow und sind frei, doch sind sinnfrei im flow,
sind nichts als falschbesetzte hauptrollen unsres eigenen films,
nichts als talg benetzte schaumschollen unsres eigenen willns,
wolln zu viel und wolln davon noch mehr,
doch anstatt mit menschen, haben wir mit daten verkehr.

wir sind nichts als torkelnd trabende cyborgs,
im cyberspace labend an highscores, definieren im liveporn
                                                          die peitschnorm,
doch sind blind, und suchend auf allen vieren,
                                               finden wir kein korn,
doch sei's drum, energy pumpen bringt doppelte leistung,
und runden um runden, koppeln wir uns,
                                                    bis dann zur scheidung,
als grund dann meistens: kein sex, weil fehlender eisprung,
wir sind durchstrukturiert, organisiert, bis zur onanie,
                                                         bis zur verpeilung,
verkeilt und verkabelt auf eisernen pfaden,
reihn wir reifen an reifen, wie streifen an tafeln.

wir sind nichts als torkelnd tanzende traumtänzerdrohnen,
die im morgenlicht wankend kein schaufenster schonen,
sind auf brautschau im saustall der showgirls,
sind auf haut aus, bis der aufprall uns hoch wirft,
hochfrequenzartig arten wir aus,
stelln uns zur schau und erwarten applaus.

DIE
STARTER

Alle Starter des Hessenslam 2014 in Darmstadt und Lorsch.

**POETRY SLAM BAD HOMBURG:
BENEDICT HEGEMANN**

GRÜBCHEN

*1. Wer anderen ein Grübchen gräbt,
hat einen schlechten Witz gemacht.*

Das Leben macht andauernd schlechte Witze. Vielleicht ist das aber auch der Grund, warum wir so oft darüber lachen können. Weil Menschen gerne über schlechte Witze lachen. Die letzte Pointe wird dann der Tod sein; das ist der schlechteste Witz von allen, weil es so lange gebraucht hat, um zum Punkt zu kommen. Schlussendlich realisiert man die Dummheit an der ganzen Sache und lacht sich tot. Szenenhaft ziehen Bilder erlebter Ereignisse an einem vorbei und man bereut schon fast, wie naiv man doch früher gewesen ist.

Damals, als ich noch jung war, war das Leben noch einfacher. Neugierig wollte ich die noch unentdeckte, neue Welt erkunden. Die Erwachsenen sprachen immer davon, weise werden zu müssen. Es galt, die Vergangenheit stets hinter sich zu lassen und mutig in Richtung Zukunft zu blicken – so, wie das eben jeder machte.

Die drei wichtigsten Bereiche waren zu dieser Zeit eine Berufung zu finden, glücklich zu werden und wahre Liebe zu erfahren. Drei kleine Dinge. Also irgendwie die Welt retten, irgendwo immer alles begehren und dann irgendwann Anna-Lena aus der Parallelklasse heiraten.

Hoppe, Hoppe, Reiter,
wenn er fällt, dann schreit er,
fällt er in den Graben,
fressen ihn die Raben!

2. *Wer anderen ein Grübchen gräbt,*
   hat ein Grübchengrabgerät.

Ich habe auch ein Grübchengrabgerät. Das ist zwar nicht das größte, reicht aber für die meisten Alltagssituationen. Außerdem will ich damit ja nur Grübchen graben und keine ganzen Friedhofsgräber ausheben für all die Menschen, die sich bereits totgelacht haben.

Später, wenn ich ein bisschen älter bin, wird mir einfach gar nichts mehr einfach erscheinen. Die Welt ist dann bereits erkundet, alles ist entdeckt und letztendlich werde ich vielleicht weise sein. Dann sehe ich, dass wir in Wahrheit die Vergangenheit immer schon vor unseren Augen gehalten haben und die Zukunftsängste uns im Nacken sitzen.

Es gibt immer noch drei wichtige Bereiche, doch selbst diese haben sich geändert.

Aus einer Berufung wird ein Beruf. Dass ich kein Superheld mehr werde, ist mir klar, auch werde ich nicht als ein weißer Ritter Frauen vor bösen Drachen retten können – vielmehr sind Frauen bis dahin selber zu Drachen geworden.

Aus dem Ziel glücklich zu werden wird die Hoffnung darauf, Glück zu haben, und ich kann von Glück reden, darauf nicht angewiesen sein zu müssen.

Meine erste große Liebe wird meine letzte große Liebe gewesen sein. Anna-Lena ist dann zwar nicht mehr die Schlankste, wird rote Haare und einen Sidecut haben, doch das Schlimmste daran wird sein, dass sie für mich immer noch gut aussehen wird.

Hoppe, Hoppe, Reiter,
so komm'n wa' doch nicht weiter!

3. *Wer anderen ein Grübchen gräbt,*
   lacht in sich selbst hinein.

Denn in einer Welt, wo Gut und Schlecht zusammen auf Messers Schneide tanzen, ist das Einzige, was hilft, manchmal anderen Menschen ein Lächeln in das Gesicht zu zaubern.

Ich bin das Produkt meiner Vergangenheit.
Ich bin der Vorreiter meiner Zukunft.
Ich bin irgendwo dazwischen in der Gegenwart.
Hier ist mein Platz in der Welt.
Ich muss akzeptieren, was war,
ich muss akzeptieren, was wird,
um zu akzeptieren, was ich jetzt bin.

So gesehen ist es nicht schlimm, wenn ich kein Superheld bin. Enge Leggings mit Unterhosen darüber würden mir sowieso nicht stehen. Dann versuch ich eben, ein Alltagsheld zu sein, der fremden Menschen »Gesundheit« sagt, wenn sie niesen. Wenn ich keine Drachen besiegen kann, dann behaupte ich eben, dass ich sie schon alle besiegt hätte. Hast du schon einmal einen richtigen Drachen gesehen? Nicht? Da seht ihr, wie gut ich meinen Job erledige.

Glück ist Zufall und Zufall ist Mathematik. Eine Münze fällt. Kopf oder Zahl. Zu wem fällt sie? Bettler oder Geschäftsmann. Der Bettler hofft auf Kopf, weil es um seinen Kopf geht. Der Geschäftsmann zählt auf Zahl, weil es um seine Zahlen geht. Für beide Seiten wäre es unfair zu verlieren. Doch eine Seite muss verlieren. Der Geschäftsmann hat aber schon einen großen Haufen Münzen, womit er den Bettler nach und nach abwerfen kann, bis dieser bewusstlos wird, um dann alle Münzen und eine mehr einzusammeln. Das ist unfaire Mathematik. Kopfrechnen war gestern – wir rechnen jetzt mit Köpfen anderer Menschen. Aber passiert schon so lange, dass es die wenigsten noch interessiert.

Es ist auch gar nicht schlimm, wenn ich bis jetzt immer noch heimlich in Anna-Lena verknallt bin. Ich war vierzehn damals. Und in der Hinsicht bin ich auch jetzt auch noch vierzehn. Aber traurig ist das nicht. Ich bin froh, überhaupt einen Menschen gekannt zu haben, der mich so beeindruckt hat, dass ich ihn bis jetzt nicht vergessen kann.

Hoppe, Hoppe, Reiter,
wenn er fällt, dann schreit er,
fällt er in den Graben,
wird er noch ein Lächeln haben!

Denn egal, wie das Leben sich in Labyrinthen verirrt,
Man hat sich selbst wie man war,
wie man ist und wie man wird.

DICHTERSCHLACHT DARMSTADT:
FELIX LOBRECHT

SPÜRT IHR DAS?
WEIHNACHTEN.

Zu Weihnachten schenk ick meem Vadda nich einen, nich zwei, nich drei, sondern vier Hunde. Falls ma eener kaputt jeht, hatta dann noch drei. Kennt man doch, da ziehste deinem Hund im Suff die Flasche Ouzo über'n Kopp – kaputt.

Eigentlich hatte ick überlegt, ihm viermal exakt denselben Hund zu schenken, allerdings musste ick feststellen, dasset heutzutage keen Händler mehr jibt, der viermal den selben Hund im Sortiment hat. Ick verstehs nich, aber wer bin ick schon? In so 'na Situation kenn ick ditt Sprichwort so: Findeste nicht viermal exakt denselben Hund, holste janz Unterschiedliche.

Hab ick dann ooch so jemacht. Teuer die Scheiße. Nächstet Mal jib's wieder 'ne Feldmaus, wie jedet Jahr. Kann nicht sein, dass ick hier achtzig Euro pro Stück für 'ne handvoll Hunde ausjebe, die in ein bis zwei Wochen eh hinü sind.

Stichwort Feldmaus, jehen ab fuffzig Cent los die Jungs. Für Einssechzig kriegste schon 'ne jute. Lasset zwee Euro sein. Da kenn ick ditt Sprichwort wiederum so: Lieber mal 'ne günstige Feldmaus, als vier teure Hunde. Achtzig Euro. Kriegst'n jebrauchten Laptop für den Preis.

Und watt da noch allet dazukommt an Kosten. Bei vier Hunden brauchste schön vier Näppe, kannste ooch nochma zwanzig Euro rechnen. Klar, vier Hunde, vier Leinen, zack – wieder dreeßig Euro weg. Arsch lecken, ditt läppert sich. Biste janz schnell bei hundertfuffzig Euro pro Tier.

Die Hunde werden meinen Vater in den finanziellen Ruin treiben, sozialer Abstieg, Privatinsolvenz, Heroin ...

Watt mein Vadda mir schenkt, is in der Regel ooch nich so ditt Grüne vom Tiger. »Ditt is doch scheiße, Fränki.« Sag ick natürlich nich so. »Nee, schönet Meter fuffzig hohet Holzreh. Klasse. Stell ick mir in'n Flur ditt Ding.«

Wiegt sechzig Kilo die Scheiße. Kannst dir ja ma den Spaß erlauben, ditt Ding alleene hoch in'n dritten Stock zu wuchten. Massivholz. Mir tut heut noch ditt Kreuz weh vom Schleppen. Ick hab Schmerzen, schlimme Schmerzen.

Guckt sich keener an und sagt: »Nee, schönet Holzreh, Felix.« Nö, staubt vor sich hin die Scheiße. Eigentlich sagen wa auch jedet Jahr, dass wa uns nischt schenken. Hab ick ma schön hinjelegt mit. Ick komm zu Weihnachten an, ohne Jeschenk, und da steht Fränki dann: »Frohe Weihnachten!« Und zack: Holzschwan.

Nicht mit mir, dieset Jahr jib's vier Hunde. Alle unterschiedlich: Schönen Welpen, mussa noch erziehn, ditt Vieh. Soll 'ne sehr sture Rasse sein, hab ick jelesen. Dazu 'ne sechzehnjährige Dogge – halb Hund, halb tot. Mussa pflegen. Dann noch 'n blinden Hund. Also, keen Blindenhund. Für den is immer dunkel draußen. Mussa navigieren. Und um ditt Janze abzurunden, 'n schönen halbstarken Jagdhund. Ein Jahr alt und hektisch. Wo issa, wann kommta? Hund, Hund, Hund, Hund ...

Dass ick allen Hunden denselben Namen jegeben habe, brauch ick an der Stelle wohl nich jesondert erwähnen. Die hören allesamt uff den Namen: Senta.

Ditt wird 'n Spaß, verklicker ma drei Hunden, die Senta heißen, dass se grad nich jemeint sind, wennde Senta rufst, sondern ditt vierte Vieh. Na ja, nich mein Problem.

Außerdem hat mein Vadda Verstärkung. Er selber is Westberliner, aber seine Freundin Heike, oder, wie ick se nenn': »Heikchen«, kommt ausm Osten. Heike hat nur zwei Lebensmottos, aus denen se allet ableiten kann: »Watt wa ham, ham wa« und »Watt weg is, is weg!«

Die hatten früher nischt, die mussten improvisieren. Heike kann aus allem Möglichen allet Mögliche machen: Jib mir 'n Stuhl, jib mir 'n Spiegel – zack: Heizung. Jib mir 'n Seil, jib mir 'n Tiger – zack: Tasse. Die pragmatischen Ostfrauen. Bin jespannt, watt se aus vier Hunden zaubert. Jib mir vier Hunde, jib mir 'n Kabel – zack: Gameboy.

Mal sehen, wie't wird, aber eins steht fest: Im nächsten Jahr schenken wa uns nischt!

POETRY SLAM ESCHWEGE:
SURYA BIEDE

HERZ ÜBER KOPF

Er dürstet nach Aufstand,
es quält ihn die Wut,
er schmachtet nach Freiheit,
die Nacht tut ihm gut.

Unfolgsam sein Herz,
standhaft sein Wille,
unerbittlich sein Abscheu,
er greift nach der Pille.

Er springt Herz über Kopf in die Nacht,
mit einem Gefühl, das sich nicht ersetzen lässt.
Seine Beine sind rastlos,
und von der Wut bleibt nur ein unbemerkter Rest.

Die Nacht voll Euphorie und Unvernunft,
Sein Kopf aus – im Lichtermeer.
Lebenslust so ungesund,
Ein Beat als ob's für immer wär'.

So voll Adrenalin,
so voll Übermut.
Berauscht und zugedröhnt,
in mächtiger, endloser Flut.

Er schwankt in den Tag,
sein Körper betäubt,
folgt geistlos dem Weg,
sein Herz noch zerstreut.

Erschöpft und trunken fällt er in den Schlaf –
für ein paar Stunden ins Nichts.
Noch versunken in der Endlosigkeit,
erwacht er vom Licht.

Keuchend ans Waschbecken klammernd,
die eigenen Augen so fremd,
verstört und neben sich,
als ob er sich selbst nicht kennt.

Taubheit im Bauch,
endlose Stunden.
Regungsloser Zustand,
unbedeckte Wunden.

Der Tag viel zu grell für seine Augen,
die Stille viel zu leise für sein Herz,
sein Kopf zu eigensinnig für sein Leben,
und er viel zu jung für so viel Schmerz.

Unzugänglich für die Außenwelt
versinkt er in Fantasien.
Eigenwillig und stur
versucht er zu entfliehen.

Er verachtet die Menschheit,
durchblickt ihr ganzes Sein.
Die Welt voll Ungerechtigkeit,
und umhüllt von dogmatischem Schein.

Er ist es Leid nichts zu tun,
streitsüchtig geht er auf die Straße,
blindwütig überkommt ihn Gewalt
in hemmungsloser Ekstase.

Er schlägt einfach drauf,
überall Blut,
mechanisches Handeln,
Auslassen der Wut.

Und dann kommt die Nacht voll Leidenschaft und Unvernunft.
Gedanken frei – im Lichtermeer.
Lebhaftigkeit so ungesund,
denn es scheint, als ob's für immer wär'.

So voll von allem,
doch es tut ihm gut.
Berauscht und zugedröhnt,
in mächtiger, endloser Flut.

Er tanzt Herz über Kopf durch die Nacht,
mit einem Gefühl, das sich nicht ersetzen lässt.
Sein Herz ist rastlos,
und vom Schmerz bleibt nur ein letzter Rest.

**POETRY SLAM DELUXE:
DOMINIK RINKART**

SPAZIERGANG

Als ich neulich im Park spazieren ging,
da traf ich auf einen Mann,
sein Gang war eher schüchtern,
denn von schnellem Vorwärtsdrang.
Er sprach: »Was, wenn aller Mitte nicht Sonnen,
sondern schwarze Löcher sind,
wenn alles, was wir zu halten denken,
in Wahrheit vorbeizieht, wie der Wind?«
Der Mann blieb stehen und sah gen Himmel,
erhob den Finger mit strengem Blick:
»Sieh die Wolke dort am Himmel,
so wie sie dort vorbeifliegt, kommt sie nie mehr zurück.«
Noch lange stand der Mann so da,
die Wolke wehte längst davon,
seine Worte wirkten echt, wie wahr,
seine Stimmung eher unwillkommen.

So ging ich weiter durch den Park,
und traf auf eine Frau,
ihre Statur war ziemlich zierlich,
denn von großem Körperbau.
Sie sprach: »Was hoch fliegt, fällt wieder runter,
doch schwarzzusehen wär knapp gelogen,
denn hätte man's nicht hochgeworfen,
wäre es ja nie geflogen.«
Dabei nahm sie einen Stein,

warf ihn mit aller Kraft nach oben,
er verschwand im blenden'n Sonnenschein,
für immer unerkannt umwoben.
Dabei lachte sie froh auf,
sprach: »Du hast die Landung nicht gesehen,
denn hättest du nur auf den Schlag geachtet,
würdest du das Fliegen nie verstehen.«

Bald schritt ich weiter übers Land,
und traf auf eine alte Dame,
ihre Hände zitterten am Stock
und der Wind rief ihren Namen.
Sie sprach: »In jedem Anfang wohnt ein Ende,
doch traurig wär es, schwarzzusehen,
denn nur durch das sich're Ende
wird jeder Anfang doppelt schön.«
Fest umklammerte sie ihren Stock,
doch blickte ruhig und entspannt,
sprach: »Nicht Glänzen steht im Mittelpunkt,
Vergänglichkeit ist rein konstant.
Kein Glanz bringt die Vergänglichkeit
wirklich zum Vergehen,
doch die Vergänglichkeit alleine
bringt den Glanz zum Glänzen,
so lässt der Tag uns nur die Sonne sehen,
deren Schein wir erst im Mondlicht schätzen.«

Weiter ging ich schon voran,
und traf auf ein kleines Kind,
seine Augen glänzten farbenfroh,
die Aura wirbelte geschwind.
Es sprach: »Man sagt, man muss nach vorne schauen,
nach hinten seien wir blind,
doch die Zukunft, die kann man nicht sehen,
weil wir Kinder der Vergangenheit sind.«

Dabei hüpfte es munter um mich herum,
sprach weniger denn recht zu singen,
schwieg kurz darauf, Sekunden stumm,
ließ die Worte in der Aura klingen.

So schritt ich weiter durch den Park,
und traf sehnsüchtig auf sie,
ihr Bild so hübsch wie Tulpenmeere,
ihr Wesen wahre Fantasie.
Ich sprach: »Schau die Wolken, sieh die Sonne,
spür den Wind und fühl den See,
der Moment ist viel zu kostbar,
als dass ich hier wortlos steh.
Das Leben, als Geschenk, ist einsam keine Feder wert,
für dich allein ist's schön zu leben,
du Engel im Gefühlskonzert.
Für dich ist dieses Jetzt unendlich,
was kommt, was war, was bleibt, was geht,
ist alles keinen Steinwurf wichtig,
es zählt allein, was jetzt hier steht.«

Es zählt allein, was jetzt hier steht.
Weil dieser Moment
in dieser Sekunde
für beide gerad unendlich geht!

POETRY SLAM FRANKFURT »WO IST HOLA?«:
FLORIAN CIESLIK

JENSEITS VON EDEKA

Jenseits von Frische
Heuchelnden grellen Stellwänden
Kommerziellen Wellness-Ständen
Schnell heilenden, unverhohlen nichts sagenden
Viel versprechenden, uns verkohlenden
Grotesk perfekten Payback-Cash-Desken
Jenseits von apetizernden pfizernden apothekenrabatt-
          hormonschlachtenden Weihnachtsenten
Liegt das Anti-Märchenland! Es ist kaum zu erreichen

Es liegen auf dem durch Truman-Show-Wegabweiser
          versperrten Wegesrand Leichen
Dieses Land ist Zeichen, Zustand
Den Rap-Clowns versuchen zu beschreiben
Filmstars werbewirksam mit Kameras bereisen
Wahlkämpfende Politiker für sich vereinnahmen
Ich sag's mal mit Rühmkorf:

»Ihr Wohltäterätäter, lasst das bitte bleiben
ihr habt keine Ahnung«

Dieser Flecken Erde, dieser Klumpen Lehm ist
          »Jenseits von Edeka«
Da gibt's nicht mal Google und Wikipedia
Jenseits von Edeka ist Otto der Ghettoking
Weil er, seit er zu laufen anfing, am »Netto« hing

»A poor little Baby was born in the Netto«
Jenseits von Edeka singen se Songs, rauchen se Bongs,
ziehn se Fäden, ja!
Jenseits von Edeka liegen Scherben
Da kriegen Schergen was se verdienen
Ging Schönheit sterben
Cruisen Bushidos Erben
Siegen die Derben – der Derbsten
Jenseits von Edeka wird Hoffnung gar nicht erst geboren
Ist Gangster-Rappern echt zu krass
Jenseits von Dr. Oetker und Duschdas
Kennt keiner dieser Folklore-Ghettokönige einen
Der einen kennt, der einen kennt, der da wohnt
Da hält der Bus, weil er muss!
Da gibt's an der Ecke: Coffee to die!
Da waren seine letzten Worte an der Eisdiele:
        »Drei Kugeln bitte!«
Jenseits von Edeka gibt's »Eschtes Leda«
Bedeutet mehr weniger
Ist der Blumenverkäufer 'n ehemaliger Söldner:
»Ich hab nur Kaktus«
Jenseits von Vileda und Milupa
Kommen Kinder erwachsen zur Welt
Kommen Kinder als Glatzen zur Welt
Hat der Papa sich gestern Abend im Puff ers'ma
      drei Bratzen bestellt
Die kleine Jennifor musste solange draußen warten
Jenseits von Edeka ist der Garten die Autobahn
Da gibt's keine zwanzigjährigen Bacheloretten oder
       Masters of the University
Die mit ihren mit Modeschmuck-Strass-Steinchen-besetzten
           Flip Flops
für einen Euro nach Düsseldorf fliegen, um mit
      »den Mädels und den Jungs«
auf 'ne Bottleparty zu gehen

Jenseits von Edeka sind alte Männer alte Männer
Keine George Clooneys mit graugefärbten Haaren
                              und gemachten Fältchen
Da dürfen Männer nicht, da müssen Männer altern
Jenseits von Edeka gibt's Essen, das ist in Russland verboten,
weil es von Lebensmittel auf lebensmüdes Mittel
                                    runtergestuft wurde

Da gibt es Straßenlaternen, Lakritz-Häuser, Kindergärten,
                                  Schulen, Ärzte, Arbeit –
zumindest, wenn man zu viel von diesem Essen verzehrt hat
HUI!!!
Mehr Netto vom Brutto,
ein einfacheres und gerechteres und niedrigeres Steuersystem
blühende Landschaften, sichere Renten –
ach nee doch nicht!

Jenseits von Edeka finden wir witzig
Doch »deine Mudda« und »Tschackeliene« sind leider
                                            eine Tatsache

Wir brauchen doch Außenseiter, Opfer, 2. Klasse, 3. Welt
Damit wir uns insgeheim daran aufgeilen können,
wie sie sich ihre Nasen an unseren Lebens-VIP-Lounge-
                                    Fensterscheiben plattdrücken

Mensch sind wir cool!
Wir kühlen ab!
Wir erkalten!

POETRY SLAM FRANKFURT »SLAMFFM«:
GAX (AXEL GUNDLACH)

ABSCHIED AM MORGEN

Mein Gott, hab ich Kopfschmerzen
– Ach, nee, ich bin ja ein Mann;
Männer haben keine Kopfschmerzen
Männer haben Gedankenweh

Der König der Verlierer
Ich war ein Martin *Loser* King
Ich hatte nicht nur einen Traum
Ich hatte Träume
Schwarz und Weiß vereint zu einer Tastatur
Dazwischen versteckt: Moll und Dur
Vereinzelt seltsame Zwischentöne ... in Gelb
Und Gelb ist auch nur dasselbe in Grün
Raca Cosma – Komm, wir mischen die Farben ein bisschen
Wir mischen, wir mischen, okay?
Und der flotte Dreier mit der Chinesin
war ja noch nicht mal meine Idee
Meine bunte Geliebte hat das vorgeschlagen
– Ich sagte immer bunt, weil schwarz darf man nicht sagen –
Ich wurde ja nur dazugebeten
Zu all dem Fummeln und Streicheln und Kneten
Ihr wart längst mittendrin!
Zwei Heten im Freizeitlesbenversuch
Ja, natürlich hat mir das auch Spaß gemacht
Es ist aber auch Stress so die ganze Nacht

Zwischen Reich der Mitte und dritter Welt
So zu vermitteln, dass es beiden gefällt

Ich sag ja, ich hatte Träume
Aber der hier gehört nicht mehr dazu
Am nächsten Morgen
– Die Post-Koitus-Euphorie war verflogen –
tat meine Freundin ungelogen
so, als hätte ich sie betrogen
Ich war so baff, ich hab mich nicht mal verteidigt
Und dann hat sie mich rassistisch beleidigt!
Und nein, ich möchte das hier nicht wiederholen, verflucht:
Wut ist kein kluges Wörterbuch …

Ich möchte nicht wegen der Farbe meiner Haut
                                               beurteilt werden
Vielleicht wegen ihrer Wärme und Weichheit,
aber doch nicht wegen ihrer Bleichheit
Und außerdem: ich bin doch für Gleichheit
Ich hab mit Apartheid nix am Hut
Und der ganze Kolonialistenscheiß
Und das Rassenlehrenazigeschmeiß
– lass mich in Ruh!
Ich bin ein weißer Mann in einer bunten Welt
Die wird durch Deine Farbe gefälliger
Durch mich wird sie halt etwas pastelliger
Was kann ich dafür?
Man kann sich vielleicht aussuchen, wo man stirbt
Aber nicht, wo und wie man geboren wird
Aber dass Du mir dann sowas aufs Brot schmierst …
– Nein, ich werd's nicht wiederholen!

Weistu, wenn Du einen Eisbär rasierst,
  sieht man: er hat eine braune Haut!

Das hat die Natur so gebaut:
Man ist im Schnee so besser getarnt
Also, sei gewarnt:
Wenn Du Dir hier wie meinesgleichen
zehntausend Jahre den Arsch abfrierst,
wirst Du auch erbleichen.
Und was hat das zu bedeuten? Nichts!
Es geht nur darum, wie gut Du Kälte erträgst –
Und wie viel Wärme Du gibst!

Ich hatte doch Träume ... für Dich!
Ich wollte für Dich kluge Bücher schreiben
Gegen Gedankensklaverei!
– Ich wär jetzt soweit ... –
Und jetzt willst Du mich am liebsten begraben
Unter Scheißestürmen und Schimpftiraden
Weil Du plötzlich der Meinung bist
Ich sei auch nur ein verkappter Rassist
Weil ich überhaupt mit Dir ..., einer bunten Frau ...
Und außerdem, ich wisse ja nicht genau, wie man sich fühlt
Als Fremde in einem fremden Land
Missverstanden und verkannt
Wegen seiner Herkunft gedisst
Ja, da fühlt man sich wohl schnell mal angepisst!

Aber Liebe ist größer als Sex und Glaube
Als Politik und die Farbe der Haut
Ich schwör's Dir, wenn ich könnte
– kannste mir glauben –
Ich würde mich hier vor deinen Augen
In einen schwulen schwarzen Juden verwandeln
Und mit einer ostdeutschen Nazibraut anbandeln
Nur um Dir hier und jetzt zu beweisen
Es geht mir nicht um den schwarz' oder weißen Teint!

Ja, wahrscheinlich würden mich die Faschos erschlagen
Mit dem alten Haudrauf den Schädel spalten
Und dann werden sie verwundert sagen:
Schau, innen im Kopf sind wir alle grau!
Da hätten sie Recht, ... und wären trotzdem nicht schlau
Denn es geht nun mal nicht um den Farbton im Gewebe
Es geht ausschließlich darum, welches Leben ich lebe
Dass ich den Mensch als Menschen sehe
Und nicht als Träger seiner Epidermis ...
– Der Nachbar schreit, weil bei uns so ein Lärm is' –
Und sogar der wird von mir respektiert,
 solange er sich in den Ruf integriert:
Freiheit, Gleichheit, Brüderlichkeit!

Kein Wort von Bleichheit oder Farbigkeit!
Ja ja, ich weiß: Tausend Jahre Leid
Hab ich leider nicht erlebt; tut mir leid!
Ich hatte nur Träume
Träume von dir und mir
Mama Afrika und Papa Europa
In nichts als Liebe vereint ...
– Nein, das war ein Witz
Papa Europa war nicht ernst gemeint
Ich bilde mir gar nichts darauf ein
– wie du sagst – typisch deutsch zu sein

Sowas wie *den Deutschen* hat es nie gegeben
Wir sind bloß ein Mischvolk aus Hunnen und Schweden
Germanen Franken Kelten Goten
Und – was weiß ich – noch andren toten Idioten
Händlerhorden und Kriegerscharen
Die hier nur auf der Durchreise waren
Wilde Völker und Barbarei
Doch: ja! Es waren auch Nazis dabei

Nur ich hab davon keinen einzigen gekannt
Aber merk dir das endlich mal:
Hitler war Immigrant!
Ein sehr schlechtes Beispiel von Integration
– Der musste ja Vegetarier werden,
um selbst eine Art Arier zu sein –

Und ich? Ich seh' uns noch nicht mal als Nation
Für mich ist Deutschland nur eine Idee
Nichts als Kunst und Gedankenweh
Entstanden aus dem Dunst der Romantik
Gebaut aus Sturm und Drang und Musik
Goethe, Heine, Schopenhauer
Beethoven und Gassenhauer
Kant, Adorno, Beckenbauer
Mit Aufklärung und Tucholsky im Herzen
Aus guten Gedanken und schlechten Scherzen
Und – was mich angeht – mit Kopfschmerzen ...
Vor allem wenn man in der Nacht dran denkt!

Geschenkt ... Letztlich ist das alles auch
nur Schall und Rauch
Ein Wimpernschlag in der Geschichte
Eben erdacht und bald wieder vernichtet
Betrachte es halt mal in diesem Licht
– Faszination Demoskopie –
Ich bin ein Eisbär!
Ich gehöre einer aussterbenden Rasse an.
Reicht Dir das nicht?

Ach, jetzt hör doch endlich mal auf mit dem Scheiß!
Ja, verdammt, Sperma ist weiß!
Denn Sperma ist ein Grottenolm
und lebt in einem dunklen Stoll'n.

Im Dunkeln braucht es kein Pigment
Ja, hallo, ... Scheißargument!
Und tut nichts zur Sache
Verzeih, dass ich lache
Aber das waren Deine Worte!
Den Scheiß hast Du gebaut!

Nein, ich werde nicht wiederholen
Was Du gesagt hast
Denn das ging unter meine Haut!

POETRY SLAM FRIEDBERG:
NILS FRÜCHTENICHT

DU BIST EIN HAFEN

Du bist ein Hafen
Kein Binnenhafen
Auf dem riesige, kalte Container verladen werden
Und brackiges, dreckiges Wasser
Gegen Betonwände schwappt
Wo missmutige Menschen
In Schichten vor sich hinarbeiten
Immer lechzend nach den zwei Wochen Urlaub
Die sie aus dieser Hölle befreien.
Nein.

Du bist ein Hafen im schwarzen Herz der Südsee.
Mit alten Stegen
Über goldbraunem Strand
Mit grimmigen Seebären
Deren Verstand
Im Rum seinen Schiffbruch erlitt aus Fernweh
Die ihre alten Lieder
Lauthals in die Nacht singen
Und glaub mir, es ist nur ein Bruchteil der Stimmen
Die im Dämmerlicht eingebettet die Nacht durchdringen.

Du bist ein Hafen für jeden Freigeist dieser Welt.
Jede Verrücktheit, die was auf sich hält
Ist bei dir schon an Land gegangen.
Und du hast sie in deinem Bann gefangen.

In den bunten Hütten
Mit leuchtenden Farben
Leben Räuber und Gaukler
Künstler und Barden
Denker und Händler
Und alle Frauen tragen die schönsten Gewänder
Auf den sieben Ozeanen
Hör ich sie nur deinen Namen sagen

Denn du hast die Wärme
Die nur das Ungezähmte hat
Und alle Containerschiffe
Beißen sich an dir die Zähne ab
Denn sie sind zu grob
Um an deinen Stegen anzulegen
Und auf ihren Plunder an Bord musst du gar nichts geben
Denn du lebst
Von Geschichten und Bier

Ich denk nur noch an dich, wann bin ich bei dir?

Denn ich bin ein Schiff
Mit zerrissenen Segeln
Jedes Glück ist ein Fels
Das Meer ist das Leben
Und ich will bei dir vor Anker gehen
Hab genug von der offenen See gesehen
Und sie ist trostloser, als du denkst
Hab genug Stürme erlebt
Um zu wissen
Dass es den Wellengang nicht wert ist
Ich möchte keines meiner Abenteuer missen
Aber jetzt bin ich fertig
Es ist Zeit für mich anzukommen

Ich will mich in deine schmutzigen Bars setzen
Und aus den hunderten Wortfetzen
Romane schreiben
Über Gott und die Welt

Die Aussicht auf dich
Ist, was mich über Wasser hält

Ja, und vielleicht werde ich gehen
Sind meine Segel geflickt
Ablegen ins Nichts
Ich weiß, es klingt verrückt
Aber das ist vielleicht das Schicksal von Häfen

Schiffe kommen und gehen
Und ob die, die sich träfen
Auch zusammen bleiben
Kann manchmal nur die Strömung entscheiden
Ich lass mich einfach weiter treiben
Richtung Sonnenaufgang
Über dem tiefblauen Meer

Und muss lachen
Du
Bist mein Hafen
Einfach weitersegeln
Mehr kann ich nicht machen

POETRY SLAM FULDA (IDEAL):
JAKOB KIELGASS

MANIFEST FÜR DEN MOMENT

Wenn unsre Trauer statt in Tränen zu versinken,
wieder neu in Wut entbrannte,
nie zu Hasses Asche sich verzehrend,
einst zu Mut erhebe;
wenn unser Mut noch einmal
Utopie-betrunkene Gedanken fasste;
wenn unsere Gedanken neue Worte formten,
die nicht bekennend den auf Lippen weilten,
weil solche Worte unweigerliche Taten mit sich brächten,
die aus Vernunft geboren wären;

Wenn wir uns aus Häusern und aus warmen Betten
in die kaltgeglotzten Straßen trauten;
Wenn Fragen leise, gegen lärmend Phrasen,
auch an echten statt der virtuellen Wände ständen,
und uns die große Stille in der echauffierten Menge,
genauso wie ihr brav gepflegter Schicksalsglaube,
fürchterlich erschaudern ließe;

Wenn Augen voller leerer Blicke
unsere Augen meeresgleich mit Wasser füllten,
und uns das totgefickte Fühlen
an den Rand des Wahnsinn triebe;
Wenn wir die lebensleeren Dogmen Lügen straften;
Wenn wir wieder leidenschaftlich, wild und zärtlich
tränken, rauchten, liebten,

und töricht Tage schon vor ihrem Abend lobten;
Wenn uns dieser eine, flüchtige Moment
in seiner glänzenden Banalität
stets zum heiligen Altar unseres Lebens genügte;

Wenn unsere Ideen so gefährlich schienen,
dass Staaten uns mit Tod bedrohten,
Und wir die Macht der Mächtigen zertanzten,
dass sie, als Gleiche unter Gleichen,
einander reinsten, dunkelroten Wein einschenkten,
und jedejeder so viel nähmen,
so viel wie ihreunsre Gläser füllten;

Wenn Menschen nicht zu Bildern festgeschrieben
und frei in ihren und unseren Welten lebten;
Wenn Morgen nicht im Gestern hängen bliebe
und Heute immer anders wär';

Wenn auch diese Utopien nie Wahrheit,
niemals festgeschriebene Gesetze würden,
nur Möglichkeiten einer Wirklichkeit,
als hoffnungsgebende Vernünftigkeit verblieben;

Dann,
ja dann sind wir wieder Revolutionäre,
dann werden wir uns wieder Dichter nennen!

POETRY SLAM FULDA (KREUZ):
TANASGOL SABBAGH

EY IRAN

Ey Irân, ey marz-e porgohar,
ey xâkat sarčešme-ye honar.
Dur az to andiše-ye badân,
pâyande mâni to jâvedân.

Ey Iran, mein verstaubtes Heimatland,
deine Hymne hängt mir nach,
weil ich sie ewig schon gekannt,
und ich gedenke deiner Schönheit,
deiner einstig wahren Pracht,
in den Zeiten, da dich Dichter
und nicht Schlächter stets bewacht,
in den Zeiten, da du Blume warst
und dein Blütenkleid aus Schrift
und dein Name jeden trunken machte –
bevor du wurdest Gift.

Ey Iran, du zerrissen Blatt Papier,
man schrieb auf deinen Boden Träume
und vermachte sie nur dir,
doch war dir diese Last mitunter viel zu schwer gefallen,
so ließt du Peitschen auf deine Kinder,
nicht auf deine Feinde knallen.
Du hast die Augen schnell verschlossen,
du stolzes Land der Berge,
sieh, deine Hoffnung trugen sie

mit jedem Toten in die Särge.
Du schämst dich deiner,
Land der längst verstummten Seelen
und so wirst du weiterhin
vor lauter Kummer Menschen quälen.

Ey Iran, von dir steigt Opiumgeruch,
hast du dich genug benebelt,
bist du schon taub für Widerspruch?
Und auch schon blind für all jene,
die uns Glauben aufgehetzt,
deren Hass nun schon Gesetz,
deren Republik sich aus Angst und Zorn zusammensetzt,
ihren atomaren Atem nimmst, Ey Iran, du gar nicht wahr,
sind dir deine eignen Narben, deine Makel unsichtbar?
Ich bin deiner überdrüssig, du Gottesstaat von Demagogen,
was in dir gedeiht ist ungesund
und ausnahmslos verlogen.

Weißt du, wie man von dir spricht?

Weißt du, wie man von dir spricht,
du verloren Land ohne Gesicht,
du ständig währende Gefahr,
bist du dir dessen nicht gewahr:
in der Welt, da hasst man dich.

In der Welt, da sieht man nicht,
dass du dich innerlich zerfrisst,
dass du geradewegs in Angriffslust
dein eigen Leib durchstichst
und deine Wunden stets verbirgst,
weil dir der Hochmut es versagt,
und eher tausend Tode stirbst,
weil dir die Schwäche nicht behagt.

Und so stößt du an die Grenzen,
die ein Land verkümmern lassen,

und so stößt du an die Grenzen,
die nicht zu deiner Freiheit passen,

und so stößt du an die Grenzen,
und dich von der Erde ab.

Ey Iran, sieh uns an, die wir dich lieben,
wir sind jene, die du eingesperrt, jene, die du vertrieben,
jene, die anderswo weilen, oder einfach stiller sind,
deren Heimatland noch Staub verteilt
in aller Richtung Wind.

**POETRY SLAM HANAU:
CHRISTIAN OFFE**

AM SCHLIMMSTEN
FÜR DIE FREUNDE

Müde, aber relativ lebensfroh komme ich morgens in die Küche. Sebastian sitzt, über eine Flasche Wodka gebeugt, am Küchentisch. Ein Bild seiner Freundin liegt neben ihm, und ein Berg vollgerotzter Taschentücher füllt die sonst leere Obstschale – mir schwant Übles. Vorsichtig und leise versuche ich, die Küche rückwärts zu verlassen. Doch Sebastian bemerkt mich, schaut zu mir auf und sagt dann: »Ah, du bist's nur!«

Ich frage mich, wen er erwartet hat, versuche aber jeglicher Konversation aus dem Weg zu gehen, frage daher nicht nach, sondern sage nur: »Jaaa – ich bin's.«

Da Sebastian mich sowieso bemerkt hat, kann ich mir auch 'nen Kaffee machen, denke ich und beginne Kaffeepulver in die Kanne zu löffeln.

»Hmmmmmmmmm ...«, äußert sich Sebastian hinter mir.

Ich bin überrascht. Nicht über Sebastians Äußerung, sondern über meinen surrealen Gedanken, mich ohne Konsequenzen mit Sebastian in einem Raum aufhalten zu können. Ich denke darüber nach, heute in die Uni zu gehen. Von dem Gedanken amüsiert stecke ich zwei Toast in den Toaster und meinen Kopf in den Kühlschrank.

»Hmmmmmmmmm ...«

Mit meinem Kopf in der Kühlschranktür schlage ich diese immer wieder heftig zu, in der Hoffnung, bewusstlos zu werden. Nein, natürlich nicht, da ich im entscheidenden Moment immer zu feige dafür bin. Stattdessen ignoriere ich seine Äußerung und packe den gesamten Inhalt des Kühlschranks auf den Tisch. Ein halbes Glas Honig, eine Schale Meerrettich und eine Tube Zahnpasta. Kaum dass ich mich zu Sebastian an den Tisch gesetzt habe, fängt er ungefragt an zu reden: »Hrrnnnnfffffft, unsere Liebe war noch so jung, …«, sagt er, während ich mir ein Toast mit Honig und Meerrettich bestreiche.

»Ich weiß!«, sage ich mitfühlend, bin mir allerdings nicht ganz sicher, was er gesagt hat. Noch irgendwas mit »beidseitig«, und ich: »Genau! Beide Seiten!« Und etwas mit »wohl das Beste«, worauf ich erwidere: »Jap, finde ich auch besser!«

Sebastian rotzt in ein Taschentuch und legt es neben mein Toast. Die Ähnlichkeit vom offen daliegenden Taschentuch und meinem Toast lässt meinen Appetit erheblich kleiner werden, als er sowieso schon ist. Ich überlege die Zahnpasta zu essen, allerdings stand die die ganze Zeit im Kühlschrank, ich müsste sie also vorher warm machen. Das ist aber schon mal schief gegangen. Ich frage mich, ob die Leute ihr Zahnpasta-Kaufverhalten ändern würden, wenn man Nährwerttabellen auf die Tuben drucken würde.

Sebastian reißt mich aus meinen Gedanken, denn er hat zu weinen begonnen.

»Heeey!«, sage ich mitfühlend, während ich ihm auf die Schulter klopfe, und suche verzweifelt nach einem Satzende, komme aber nur auf ein »Heeey!«

Mein Mitbewohner, den wir »Ruppi« nennen, betritt die Küche. Sebastian und ich heben den Kopf, blicken ihn an und sagen: »Ah, du bist's nur!«

»Was ist denn hier los?«, will er wissen.

Ich überlege wegzulaufen, zögere aber zu lange.

Währenddessen setzt sich Ruppi zu Sebastian und bittet ihn, ihm alles zu erzählen. Sebastian erzählt also, Ruppi hört zu und ich langweile mich. Ich bin ein bisschen verärgert, dass ich nicht schnell und wortlos die Küche verlassen habe, als ich die Zeit dazu hatte. Doch ich bin froh, dass Ruppi da ist, weil ich nie gut war in solchen Gesprächen.

Möglicherweise liegt es ja daran, dass ich gedanklich zu schnell abschweife und mich lieber mit anderen Sachen ablenken lasse. Vielleicht hab ich ja ADS und müsste deswegen mal zum – heute bin ich allerdings in Topform. Die einfühlsamen »Hey« gepaart mit dem Klaps auf die Schulter und dem so ehrlich klingenden »Ich weiß« rufen bei mir eine regelrechte Gänsehaut hervor.

Ruppi reißt mich aus meinen Gedanken.

»Weißt du was?«, sagt er. »Wir drei gehen heute Abend mal weg! Das bringt dich schon auf andere Gedanken!«

»Och nee Leute, das ist echt nicht nötig!« … sage ich.

»Ja, ich will auch nicht weg«, sagt Sebastian, »ich würde euch nur die Stimmung versauen!«

»Das hab ich auch gerade gedacht!«, sage ich.

Ruppi sieht mich drohend an.

»Was?«, frage ich. »Damit ihr eins wisst – ich werde mir heute Abend unter keinen Umständen die Blöße geben, mich mit diesem seelisch elenden, heruntergekommenem ETWAS blicken zu lassen!«

Zwei Stunden später stehen wir in irgendeiner Schlange, vor irgendeinem viel zu vollen Club. Sebastian guckt traurig, Ruppi guckt mitfühlend, ich gucke genervt.

Eine Gruppe Frauen begrüßt Ruppi. Ruppi stellt ihnen Sebastian vor. »Hallo«, sagt Sebastian, »entschuldigt, dass ich nicht so gut drauf bin, wisst ihr, ich bin gestern Abend verlassen worden.«

Ruppi und ich verdrehen die Augen. Doch die Frauen nehmen Sebastian in den Arm und anschließend mit. Ruppi und ich machen große Augen. Es ist das letzte Mal, dass wir Sebastian an diesem Abend sehen.

Müde, aber relativ lebensfroh kommt Sebastian am nächsten Morgen in die Küche. Ruppi und ich sitzen, über ein Glas Wodka gebeugt, am Küchentisch. Obwohl wir zu jeder Frau gegangen sind und gesagt haben: »Hallo, ich bin heute nicht so gut drauf. Weißt du, ich bin gestern Abend verlassen worden!«, gelang es uns nicht wenigstens einmal, liebevoll in den Arm genommen zu werden.

Wir heben den Kopf, sehen Sebastian halb schlafend, halb grinsend da stehen und sagen: »Ah, du bist's nur!«

POETRY SLAM HERBORN:
MARCO MICHALZIK

ZUFRIEDENHEIT

Eigentlich ist es ja schon ziemlich lustig, dass wir so oft denken, dass wir die klügste und fortschrittlichste Zivilisation, Gesellschaft und Generation sind, die jemals auf diesem Planeten gelebt hat.

Wir haben ja immer noch keinen Plan, wie diese Pyramiden dahin gekommen sind, wo sie jetzt stehen. Nur mal so als Beispiel.

Und wir sind abhängige Menschmaschinen, abhängig von Werkmaschinen, die wir täglich programmieren, nur damit sie uns diktieren, wann wir am Morgen beginnen müssen zu funktionieren. *Das* kann doch nicht clever sein.

Erfindungen, die angeblich unser Leben leichter machen, führen oft dazu, dass sie das Leben seichter machen und Tiefgang ausschütten wie Putzwasser, und was übrig bleibt, ist dieser schwarze Rand am Grund des Eimers.

Wie viel müssen wir haben, bis es genug ist? Wie viel, bis ihr endlich zufrieden seid? Zufriedenheit? Zufriedenheit ist ein Konzept, das ich fast schwieriger finde als Weltfrieden und den Champions-League-Gewinn von Darmstadt 98 – im selben Jahr. Zufriedenheit heißt vielleicht ...

Ich würde gerne einfach nur hier sein. Einfach bei dir sein! Einfach! Einfach zufrieden sein! Einfach! Zufriedenheit! Nicht immer denken, ich muss noch Dieses und Jenes teilen und zuschauen, wie viele es liken, dabei sein bei diesem Hype, der schon morgen Vergangenheit ist – und Platz macht für den nächsten Scheiß. So sind wir fast der Möglichkeit beraubt, jemals zufrieden zu sein, weil jeder uns jeden Tag zeigt, was uns fehlt – Teufelskreis.

Hab mir ein Smartphone gekauft, um Zeit zu sparen, und hab jetzt keine Zeit mehr für dich, wegen all der Sachen, die ich damit machen kann.

Hab einen Fernseher mit hunderten Kanälen, aber lass ihn aus, weil es mich stresst, aus hunderten Kanälen einen für mich auszuwählen. Und überhaupt, eigentlich hängt er da für die Stunden, wenn mir langweilig ist, um zu unterhalten, aber jetzt unterhalten wir uns nicht mehr und langweilen uns und schauen stundenlang sein Programm an, obwohl keiner von uns diesen Stumpfsinn eigentlich noch abkann.

Von außen betrachtet muss das wirklich lustig erscheinen: Dass wir uns so lange vergleichen, bis wir uns selbst nicht mehr reichen, Andere beneiden und wünschen, wir könnten der Andere sein, während Andere, die wir beneiden, wünschen, sie könnten jemand anderes sein, und der, den sie beneiden, wünscht sich bescheiden, er könnte wieder dieser Andere sein. Ich mein' – ist das Glück oder das Streben danach? Klettern hoch und stehen auf dem Dach, nur um zu merken, wenn wir oben ankommen – wir haben das niedrigste der angrenzenden Dächer erklommen.

Bilden uns ein, Bildung allein plus bildschöne Beine plus bildbearbeitete Körperteile auf dem Bildschirm daheim bilden die Gleichung, in deren Summe dann »glücklich« erscheint. Oder Zufriedenheit.

Und er hat gesagt, dass er dich mag, dass du unfassbar cool bist, aber die Frau, die er wirklich will, soll halt sexy sein, weißt du, nicht so eine, wie du bist.

Wir fahren Wasserski auf der Oberfläche von Seen mit tiefen Gründen und denken, wir wären Tiefseetaucher, nur weil unsere Füße dabei nass geworden sind.

Perfektion ist kein Synonym für Ästhetik. Und erwähnt' ich, dass gegen den Strom schwimmen schwer, doch nicht immer verkehrt ist? Allerdings auch nicht immer richtig

– aus Prinzip – anti-alles-für-immer, hab ich nie so ganz kapiert.

Und das Leben ist 'ne seltsame Sache. Manchmal fühlt sich Leben an, als ob gar nichts funktioniert, als ob jemand mich von der Sonnenseite in den Schatten katapultiert, doch Schatten sind unmöglich, wenn nicht Licht auch existiert. Und ich schätze Licht und Schatten – Schwarz und Weiß. Vielleicht trag ich deshalb so oft graue Hoodies, graue Mützen, graue T-Shirts. Ich fühl mich oft grau, das Leben ist manchmal grau, meistens sogar.

Und das Leben ist oft so paradox.

Paradox wie weiße Textblätter, die ihre Unschuld verlieren, indem wir auf ihnen und durch sie für uns und für sie Schönheit kreieren.

Wie bunte Herbstwälder, die doch nur die Vorstufe vom grauen Sterben des Winters sind.

Wie gemalte Bilder und Briefe von meinem Patenkind aus Afrika, das an materiellen Dingen kaum etwas hat und sich trotzdem mehr freut als ich in meiner Wohnung, in der fließendes Wasser auf Knopfdruck aus der Wand kommt und ich mir aussuchen kann, wie warm es sein soll. Und ich nicht mal merke, dass das ein Privileg ist. Verwöhntes, reiches, weißes Kind, blind für wie die Dinge wirklich sind.

Paradox wie die Schönheit von traurigen Melodien. Konsumieren klängeweise Melancholie, die uns ein Anderer lieh, obwohl wir eigentlich doch viel lieber glücklich sind.

Wie die Therapie, zu der man dir riet, damit du nicht länger deine Arme mit roter Tinte verzierst. Wer sagt denn, diese Narben sind hässlich? Denn sie sind Linien und Buchstaben, die deine Geschichte erzählen. Pinselstriche, die im Bild deines Lebens sonst fehlen. Denn wo Narben entstehen – da sind Wunden verheilt. Schreit es laut von allen Häuserdächern, denn deine Narben sind Farben der Hoffnung und Heilung in einer grauen Umgebung, Tattoos des Lebens eben, und sie können dir alles nehmen – aber nicht deine Geschichte. Und auch, wenn sie traurig ist und ich immer weine, wenn du sie erzählst, macht die Tatsache, dass wir jetzt hier gemeinsam sitzen und lachen das auch wieder okay.

Das Leben ist seltsam, weil man es vorwärts lebt, aber, wenn überhaupt, oft nur rückwärts versteht.

Paradox wie Hochzeitseinladungen auf Beerdigungen verteilen, und zumindest so tun, als ob es möglich wäre, auch Trauer zu feiern.

Wie die Erinnerung an diesen Witz, den er ständig erzählte und sich dabei immer noch totlachen, nur um dann wieder zu heulen, weil genau dieses Stück Humor der Welt jetzt fehlt.

Wie Kaiserschnittnarben, die verraten, dass aus dir neues Leben kam, ein Orden, ein Siegel, das dir niemand mehr nehmen kann, auch wenn du manchmal Bikinibilder anschaust, vom Urlaub, als du siebzehn warst.

Wie dein Instagram-Bild #LustigstesSelfieEver, posen mit der neuen Frisur nach der Chemo.

Wie aus der Heimat fliehen vor dem Krieg, der dort wütet, und dann in dem Land, dass Dich aufnahm, die eine große Liebe finden.

Ich glaube.
Zufriedenheit macht sich breit,
wenn wir bereit sind,
Schönheit im Hässlichen,
Magie im Alltäglichen
und Dankbarkeit im Selbstverständlichen
zu sehen.
Zu finden.
Und anzunehmen.

**POETRY SLAM KARBEN:
TABEA REINELT**

FARBEN UND GEFÜHL

Dort,
wo Produkte mit der Hoffnung auf Freiheit beworben werden.

Dort,
wo wirklich gute Ideen in Waagschalen
gegenüber von Gewinnmaximierungsmaßnahmen sterben.

Dort,
wo Fantasie nicht unbedingt notwendig scheint.

Da rennen sie, die Planer mit ihren Plänen,
die keine Pausen kennen.
Keine Zeit für Zweifel.
Kein Mensch kann mir erklären warum,
zumindest nicht in Worten, die ich verstehe.
Vielleicht bin ich nur zu dumm,
oder sie wissen wirklich nicht wohin.
Auch Konturen, die klar sind, können verschwimm'n.
Sie rennen und ich halt' nicht Schritt.
Sie rennen und ich komm' nicht mit.
Ich komm' nicht mit.
Ich bleibe hier und pflastere weiter meine Straße.
Denn das ist meine Art zu sagen: »So kann ich nicht sein.«

Ich habe gelernt, dass das Leben wie ein Puzzle ist.
Dass es zu jedem Teil ein passendes Gegenstück gibt.

Aber ich will das nicht glauben.
Ich will das nicht glauben,
dass alles vorher schon klar sein soll.
Dass ich nur noch finden muss,
was irgendwo im Verborgenen schon liegt.
Dass ich ein Bild zusammensetzen soll,
das es in seinen Einzelteilen irgendwo schon gibt.

Deswegen lege ich Stein um Stein
wie blanke Puzzlestücke vor mir aus.
Und wenn ich damit fertig bin,
dann male ich ein Bild darauf.
Mit Farben und Gefühl,
mit Tränetropfen im Acryl,
mit federfeinem Fächerstrich,
male ich
alles was wichtig war,
alles was nötig war,
bis hier.

Ja, meine Straße liegt am Rande dieser Stadt,
denn nur dort war noch Platz.
Hab lang genug danach gesucht,
bin lang genug auf fremden Wegen gewesen,
hab mich genug dafür verflucht,
nach schlechten Vorbildern zu leben.
Ja, meine Straße liegt am Rande dieser Stadt,
denn wir brauchen diesen Platz.

Denn du und du und du und du.
Die auch schon Staßen bauen,
eines Tages werden sich unsere Straßen
kreuzen und vernetzen,
und dann malen wir
ein großes, buntes Bild darauf.

Mit Farben und Gefühl,
mit Tränentropfen im Acryl,
mit federfeinem Fächerstrich,
malen wir
alles was wichtig war,
alles was nötig war,
bis hier.

Denn hier, wo gerade noch nicht viel ist,
soll eine neue Stadt entstehen,
hier, auf staubbedeckten Böden,
sollen freie Menschen gehen.
Wir wollen gehen und nicht rennen,
vielleicht auch schlendern,
wir wollen zweifeln,
und uns unentwegt verändern,
wir wollen lieben,
uns selbst und auch die anderen,
wir wollen lieben,
und nicht dem Geldgott dienen.
Ich möchte das so oft sagen,
bis ich es mir selbst glauben kann.
Ich möchte das, was ich tue, lieben
und nicht dem Geldgott dienen.

Denn in noch nah gefühlter Ferne,
da rennen sie weiter, die Planer,
rennen, weil sie sonst den Plan nicht einhalten können,
rennen, weil sie Angst vor der Freiheit haben,
rennen, weil sie Angst vor dem Zweifel haben.
Vor dem Zweifel an dem Plan.
Rennen, weil das der Geldgott so will.

Ja, manchmal möchte ich auch rennen,
meistens habe ich auch Angst, weil da wo meine Straße ist,

am Rande dieser Stadt, da ist auch dunkler Wald.
Da, im dichten Finsterwald,
leben Zweifel und Eifersucht nah beieinander.
Und manchmal, wenn es dämmert,
schleichen sie zu mir herüber,
dringen tief in meine Träume ein,
und legen sich so nah an mein Herz,
dass ich sie erst bemerk',
wenn sie schon wieder verschwunden sind.

Doch ich möchte dem Geldgott nicht geben, was er will,
denn das ist meine Freiheit
und ein lückenloser Lebenslauf.
Und wenn ich keine Lücke lasse,
wo soll dann deine Straße kreuzen,
wo sollen deine Füße
Fußabdrücke hinterlassen,
wenn mein Puzzle schon längst vollständig ist
und du einfach kein Teil des Bildes bist?
Wie sollen wir zwischen Wahrheit
und Werbung unterscheiden,
wenn wir keinen Platz zum Denken haben?
Wie sollen wir Ideen auf Beton anpflanzen
und wer soll sie gießen,
wer wird sie wachsen sehen,
wenn niemand mehr weiß,
wie?

**POETRY SLAM KASSEL:
LENA NOSKE**

HEIMWEHLAND

*»Über meine Kinderzeiten
War dein Flügel ausgespannt –
Grüne Nähen! Goldne Weiten!
Und am letzten Himmelsufer
Schufest du mein Heimwehland.«*
(Hermann Hesse)

In meinem Heimwehland
sind die Städte zu Dörfern geworden,
und die Dörfer zu Wäldern,
zwischen denen müde ein paar Felder schlafen.
Sich heimlich wenige Straßen
ihre Wege durch die Hügel bahnen.
Flüsse flüstern; Bäche kichern;
im Kanon mit Lärchen zwitschern.
Nadelholzbrisen durch grüne Ebenen streichen.
An einem Ort, an dem man Zeit nicht begreifen kann,
und kein Lärm beim Denken stört.
Ach, ich hab' Fernweh nach meinem Heimwehland.
Denn da bin ich nicht
und mir wird schwindelig vom Lärm hier.
Da hab' ich keine Lust mehr zu reimen.
Weil das anstrengend ist.
Weil mein Heimwehland so unendlich weit weg ist,
und hier sieht es nicht mal so ähnlich aus.
Hier bin ich immer wütend auf alle,

weil ich mich nicht traue, wütend auf dich zu sein.
Hier schlaf' ich mit dir und mit dir,
damit ich nachts nicht allein schlafen muss,
weil mir das unendlich viel Angst macht.
Da lese ich immer und immer wieder dasselbe Buch,
weil ich Angst vor neuen Enden habe.
Hier spiele ich Theater. Weil Ich sein so anstrengend ist.
Weil Ich sein Ich vergisst.
Weil mein Herzschlag Automatismus ist.
Da verfall' ich in alte Reimschemata.
Setze gefallenen Königen ihre Kronen auf
und verkaufe dir ein Stück von mir,
für ein kleines bisschen Wärme von dir.
Für ein kleines bisschen lügen –
ein kleines bisschen mich selbst betrügen.
Für noch ein wenig mehr Schauspiel.
Da lese ich lieber Bücher,
weil ich Menschen nicht verstehe.
Weil ich weder Geld noch Gold begehre,
weil ich mich sehne nach meinem Heimwehland.
In totgeträumten Denkernächten
Gedichte an dich schreibe.
Mir mit Regentropfenzählen die Zeit vertreibe.
Hier male ich lieber Bilder,
weil ich Menschen nicht greifen kann.
Da zweifle ich an mir.
Zeichne auf zerrissenem Papier
und klebe es mit Heimwehträumen.
Wenn ich nachts nicht schlafen kann,
lese all die Bücher, die ich schon gelesen habe
und warte, dass ich die Welt versteh'.
Dann bin ich ganz still.
Und manchmal –
manchmal, höre ich von Weitem Flüsse flüstern.
Da wird mir warm, wenn Lärchen zwitschern,

und das Reimen ist gar nicht mehr so schwer.
Dann sind die Heimwehtage schon so lange her,
dass ich mich kaum erinnern kann.
Dann träum' ich von grünen Nähen und goldenen Weiten.
Und am letzten Himmelsufer wartet stets
mein Heimwehland.

**POETRY SLAM LORSCH:
LETICIA WAHL**

FARBEN

Die bunten Blätter des Herbstes sind gefallen.
Ich, ich habe es mit eigenen Augen gesehen.
Sie liegen platt auf dem kalten Asphalt,
während die Menschen hektisch vorübergehen.
Leise ziehe ich meine immer kleiner werdenden Kreise,
während der Regen auf das Kopfsteinpflaster fällt.
Traurigkeitgefüllte Leere und
Alltagstrott, der Gesichter versteinern lässt.

Aufstehen, arbeiten, leisten,
aufstehen, arbeiten, leisten,
arbeiten, leisten,
leisten, leisten, leisten.

Das Erfüllen von selbstgesteckten Zwecken,
die im Endeffekt nicht mehr bezwecken,
als dass die bunten Blätter von ihren Bäumen fallen
und eine Eiseskälte einbricht.
So stehe ich jeden Morgen
mindestens eine Stunde vorm Kleiderschrank
und wähle die zwölf dicksten Kleiderschichten,
in der Hoffnung, dass diese Kälte nicht auch bei mir einbricht.
Und draußen auf den Straßen sehe ich immer wieder
diese eilend versteinerten Gesichter.
Kapuze tief im Gesicht, Kopf unten,
Coffee to go at work.

Denn wir wollen ja schließlich die Besten der Allerbesten sein,
und so stehen wir auch kampfbereit vor einer Front.
Großes Ego und Dreistigkeit,
ballern wir uns unkontrollierte Leistungen um die Ohren.
Wissen dabei nicht, was die linke mit der rechten Hand greift,
denn auch das Allerbeste vom Besten ist irgendwann
nicht mehr gut genug.

Aufstehen, arbeiten, leisten,
aufstehen, arbeiten, leisten,
arbeiten, leisten,
leisten, leisten, leisten

Und jedes Mal denke ich mir:
Ey, kommt schon. Lass mal doch mal chill'n.
Wir müssten doch nur lernen, zu verlernen,
wie wir gelernt haben, zu sein.
Einfach mal selbst den Pinsel in die Hand nehmen
und die tristen Blätter des Herbstes
neu in den Farben des Frühlings bemalen.
Mal rückwärts Richtung Zukunft gehen,
den Leuten glauben, dass naiv
nicht mehr im Wörterbuch steht,
und nachts auf den Dächern
über alle Häuser der Städte schreien:
Ich bin hier und jetzt,
und genau da will ich doch auch sein!!!
Denn wie gerne würden und hätten wir
das bunte große Leben,
und wie oft wird immer gesagt:
morgen ... ich schwör' es dir,
morgen ziehen wir beide unsere großen Runden.
Dann schneiden wir zuerst
den Royal Guards in England fiese Fratzen,
dass sie nicht mehr still stehen können vor Lachen,

trampen dann weiter bis nach Timbuktu,
Zwischenstopp in China,
und smokerbreak at the statue of liberty.
Morgen, das schwöre ich dir.
Dann atmen wir den Staub auf alten Dachböden,
während die Sonnenstrahlen
durch die dreckigen Fenster blitzen,
können danach gerne noch Kirschkerne
um die Wette spucken,
und lassen uns dann mit weit ausgebreiteten Armen
in eine Düne fallen,
und hören auf nichts mehr,
außer auf das Meeresrauschen in den Muscheln und den Wind.
Morgen, ja morgen, das schwöre ich dir,
ist nichts mehr sicher vor dir und mir.
Und ich, ich nicke nur stumm,
während die bunten Blätter auf die Straße fallen,
der Regen auf dem Asphalt ein Rinnsal bildet
und die Menschen immer mehr verschwimmen.
Denn Konjunktiv bleibt eben doch Konjunktiv,
Geschichten schöner und lebhafter
in der Phantasie der Vergangenheit,
denn jetzt für diese Sekunde hast du einfach keine Zeit.
Und du, du bist der Meister darin.
Legst dir die Steine oft selber in den Weg,
wunderst dich, dass du blindlinks drüber fällst.
Rennst von einem zum nächsten Ort,
willst überall dabei sein,
kommst niemals richtig an.
Machst schnell noch ein Foto fürs Internet,
#geilesLeben und 50 Likes,
während du zuhause wieder in diese Leere verfällst.
Alltagstrott, der Gesichter versteinern lässt.
Dessen Fassaden nur manchmal in Alkohol brechen.

1 Abend totale Eskalation, 100 Euro,
am nächsten Morgen Kater, Aspirin und alles vergessen.

Aufstehen, arbeiten, leisten
arbeiten, leisten,
leisten, leisten, leisten

Die bunten Blätter des Herbstes sind gefallen,
ich habe es mit eigenen Augen gesehen.
Sie liegen platt auf dem kalten Asphalt,
während die Leute hektisch vorübergehen.
Leise ziehe ich meine immer kleiner werdenden Kreise,
betrachte dabei die Bäume,
sie wirken irgendwie farblos und kalt.
Das Leben ist eben keine Schachtel Pralinen,
die man entweder im Schrank vergammelt lässt
oder nur mit Alkohol schmeckt.
Es ist vielmehr eine Art von Baustelle
auf der Altes langsam zerfällt,
aber auch immer wieder die Chance da ist,
dass Neues und Gutes wächst.
Es hängt von einem selber ab, wie man es kreiert.
Nicht ab morgen, denn morgen ist nichts anderes
als das Vergessen, Morgen von hier und jetzt.
Man ist im Prinzip wie ein Baustellenmeister.
So richtig mit blauer Latzhose und gelben Helm.
Und wenn ich ein Typ wäre,
dann hieße ich auch längst schon Bob.
Ich baue mir dicke Häuser
aus den bunten Blättern vom Asphalt,
denn selbst ein trister und eisiger Winter
ist spätestens in den lauen Frühlingsnächten
nicht mehr ganz so kalt.
Meine Hände sind dabei wie Pinsel.
Meine Adern voller Farbe.

Mein Herz, das pulsiert,
und vor mir eine riesen Leinwand,
die nur ich bemale.
Bis sie leuchtet und bis sie strahlt,
in jeder meiner Farben.

**POETRY SLAM MÜHLHEIM (MAIN):
JEAN RICON**

SEPIA

Die Erinnerungen an meine Kindheit
Wirken sepiagefiltert und
Auf den Spielzeugen klebten D-Mark-Preisschilder.
Es gibt ein Bild von mir auf dem World Trade Center –
Ich habe irgendwie gedacht, das hält länger.
Ich bin jetzt älter, als das Kind in mir werden konnte, und
Blicke auf eine Zukunft zurück, um die es sich sorgte.

Wir laufen in unseren viel zu großen Hosen und mit Bierdosen in den Händen über die Kirmes. Das ohnehin widerlich warme Bier schäumt über, wird schal und untrinkbar. Aber wir sind vierzehn Jahre alt, also erwachsen, da darf man sich seinen Ekel nicht anmerken lassen.
»Schmeckt wie Apfelsaft!«, sagt Felix. Wir sind absolut derselben Meinung und leeren unsere Dosen mit einem »Aaah!« Dann verstecken wir unsere verzogenen Gesichter voreinander zwischen der Kirmes blinkenden Lichter und dem Duft der gebrannten Mandeln.
Ein müde blickender Osteuropäer mit verblassten Tätowierungen sammelt in Jogginghose und Adiletten abgegriffene Fahrchips ein. Dann setzt er die Mühle der Glasfaserpferde, Plastikautos und der ewig auf und ab schwebenden Biene Maja in Gang, dazu spielt »Dü, dü, düdüdüdü, dü, dü, düdü«. Es ist das Kinderkarussell, mein heimliches Symbol einer unvollendeten Kindheit.
»Jo, was willst'n damit?«, fragt Philipp und wühlt eine

neue Runde Bierdosen aus seinem Rucksack. »Lass uns noch wegballern, bevor der letzte Bus kommt, ey!«

Das haben wir dann auch gemacht, und drei warme Bier später habe ich hinter einer Zuckerwattebude ganz fürchterlich gekotzt. Das war meine neue, pubertäre Interpretation von Karussellfahren. Im Hintergrund klang »Dü, dü, düdüdüdü, dü, dü, düdü« und umgeben und durchdrungen und als Teil dieser Hillbilly-Romantik sah ich schielend und sabbernd dem Wettrennen der aufgespießten Pferde und Bienen zu. An allen vorbei zog immer wieder das Feuerwehrauto.

Denn das Feuerwehrauto ist das schnellste. Wenn es irgendwo brennt und Menschen in Not sind, muss die Feuerwehr so schnell wie möglich dort hin, alles mit der Axt klein hacken und jemanden retten. Ein Vater fotografierte sein Kind, wie es lachend im Löschzug saß, aber die Nacht ließ von dem Moment nicht mehr übrig als einen blassen Schatten auf Cellophan und ich denke …

Was früher Farbe war, ist heute Sepia
Und wirkt irgendwie langsamer.
In den Filmen fehlen ein paar Szenen
Und den Bildern die Schärfe.
Aus Musik wurden Erinnerungen an Klänge,
Ohne Höhen und Bässen
Und von den verschwitzten Konzerten
Habe ich die meisten vergessen.
Auch die Texte sind schlechter, seitdem ich sie verstehe,
Und »Hit me baby one more time«,
Ich bin das Im-Kreis-Fahren leid.
Ich lasse das Karussell
Endgültig Vergangenheit sein.

Eine Mathelehrerin der Mittelstufe fragte mich, als Reaktion auf meine schlechter werdenden Noten, damals, was ich denn werden mochte. Ich zögerte etwas, hatte »Feuerwehrmann« vor ein paar Jahren aufgegeben und mir seitdem keine Gedanken mehr darüber gemacht. Ich sagte »Astronaut. Oder Boxer.«

Sie hat gelacht. Welcher Pädagoge lacht, wenn ein Kind etwas sagt?

Ey, F von X dich doch, wenn du nicht glaubst, dass es irgendwann Weltraumboxen geben wird, und F von X dich, wenn du glaubst, meine Fantasie kapituliert vor deinem Rotstift!

Ein Klassenkamerad hatte damals die Schnauze voll von der Möchtegern-elitäre-Provinzgymnasiumsscheiße. Er hat einen Papierspender auf der Schülertoilette angezündet, das hat Alarm ausgelöst und die Feuerwehr ist gekommen. Große, rote Autos, die einen retten, wenn man in Not ist, und wenn man Glück hat, wird noch was kaputtgehackt.

Heute empöre ich mich kopfschüttelnd über alle Nachwachsenden, die es genauso machen, wie wir es getan haben. Wie sie wankelmütig durch die Stadt wandern. Die Welt einreißen und neu pflastern ist zwar Naturgesetz und muss so sein, aber – sie sind dabei trotzdem viel zu dreist. Und respektlos gegenüber Älteren.

Und dumm sind sie auch.

… und ihre Musik ist schlecht, die Kleidung lächerlich, die Sprache verwahrlost und alles, was sie tun, tödlich peinlich. Ständig starren sie auf ihre Handys und machen Dramen aus Nichtigkeiten: »Oh mein Gooott, meine Mutter bringt mich uuum!« – Wenn sie es doch bloß tun würde. Sie streiten sich um fünf Euro, als hätten sie dafür gearbeitet, sind laut und vulgär, trinken zu viel Alkohol, kotzen alles voll und ich fahre überhaupt erst mit dem letzten Bus in die Stadt.

Da bin ich, Anfang-Mitte-Ende Zwanzig, irgendwie arrogant und hochnäsig, aber warum, weiß ich selbst nicht. Viel habe ich nicht geschafft, aber ich verwechsle Bier nicht mehr mit Apfelsaft oder Selbstbewusstsein mit Gruppenzwang. Dafür ist mir mittlerweile aber auch fast alles egal. Ich laufe bei Rot über die Ampel und winke dabei Kindern, ich bin das Maß aller Dinge, kann mich irren aber das tue ich – Niemals habe ich meiner alten Schule nachts schon zwei Mal vor die Tür geschissen und werde es wieder tun! Würde. Wenn es so wäre. Ist es ja nicht.

Wir haben heute so viel Zukunft, wie wir nie zuvor hatten, gleichzeit wirkt das …

… was früher kontraststark und tättowiert war,
Heute unscharf und abwaschbar.
Ich fühle mich wie mit Wasserfarbe in den Regen gemalt,
Stolper' betäubt durch die Gegenwart,
Stehe sogar an roten Ampeln falsch und
Sortiere meine Freunde nach small, medium und large.

Ich war nie genial, bin immer noch der möchtegern-elitäre Provinzgymnasiumsvollidiot, Anfang-Mitte-Ende Zwanzig und habe so vieles nie zu Ende gebracht, was ich begann. Aber heute Nacht hole ich all das mit dir nach! Wir schleichen auf die Kirmes und reiten Glasfaserpferde durch Airbrush-Gemälde, sind Feuerwehrmann und -frau und fahren mit unseren roten Wagen durch die Nacht, neben uns fliegt die Biene Maja immer wieder auf und ab und auf und ab und auf und ab. Ich hole all das mit dir nach. Mit dir, meiner Göttin Sepia, die der Welt die Farbe nahm, ihr einen schwarzen Rahmen gab und sie in Instagram begraben hat. Ich mache das Beste aus jedem Tag, und was mir nicht gefällt, das zünd' ich an!

F von X jeden, der mir sagt, dass ich das nicht darf.

Weltraumboxer, Tagträumer und Elite-Idioten der Erde, vereinigt euch! Wir haben nichts zu verlieren, außer dem Karussell, in dem wir uns drehen.

POETRY SLAM REICHELSHEIM:
ARTUR NEVSKY

DIE LETZTE SCHLACHT

Mein Schwert
Das heb ich in die Luft
Stell mich ans Tor
Und wart auf die Dämonen
Der Schmerz
In meiner zugeschnürten Brust
Steigt nun empor
Und wird mich nicht verschonen

Der Himmel zieht sich zu
Und ich begreife
Es hat begonnen, es gibt kein Zurück
Ganz gleich, was ich jetzt tu
Ich werde leiden
Und weiß, ich bleibe nicht am Stück

Die Erde tut sich auf und wirft mit Feuer
Ich gehe fast zu Boden, aber steh
Es kommen Bestien, Monster, Ungeheuer
Die ganze Hölle macht sich auf den Weg

Ich zittere und blicke auf die Scharen
Auf ihre Flügel, Klauen, Zähne
Doch weil sie immer in mir waren
Erinner ich mich an die Szene

Mein Schwert durchtrennt die ersten Häute
Sie brüllen und ich brülle auch
Ich bin nicht sicher, ob ich träume
Falls nicht, so geh ich sicher drauf

Tote Dämonen werden Asche
Doch hinter ihnen kommen neue
Ich kann nichts gegen alle machen
Ich rief sie viel zu spät, was ich bereue

Der erste Riss in meinem Fleisch
Ich merke, dass ich bald verblute
Aber das ist mir mehr als gleich
Dann fall ich tapfer für das Gute

Alles wird schwarz, alles wird still
Das Schlachtfeld ist noch nicht verlassen
Denn dafür fühl ich noch zu viel
Und spür, wie sie mich fassen

Sie reißen mich in Stücke
Es ist alles aus
Aber ich habe nicht verloren
Ich schwebe in der Lücke
Zwischen Tod und Traum
Und werd in dieser neugeboren

POETRY SLAM RODGAU:
ROBIN BAUMEISTER

ZAHNRÄDER UND SCHRÄUBCHEN

Es gibt schon sonderbare Hobbys.

Die einen sammeln Münzen und geben dafür Unmengen an *normalem* Geld aus. Die anderen sammeln Briefmarken und belästigen ihre Freunde und Verwandten damit, dass sie jeden Brief so öffnen sollen, dass die Briefmarke nicht beschädigt wird. Wieder andere sammeln Tabletts aus Schnellrestaurants und reisen durch aller Herren Länder, nur um ihre Sammlung vervollständigen zu können.

Mein Großvater sammelte Uhren.

Seit ich denken konnte, hatte er diese Sammlung. Er hat sie jährlich um drei bis vier Uhren vergrößert, sodass bald der komplette Dachboden voller Uhren stand. Dies war sein Reich, er war der Herr der Zeit.

Ich sah nie etwas Verrücktes oder Eigenartiges in diesem Hobby; er hatte es einfach schon immer getan.

Er war mein Großvater.

Auf dem Dachboden hatte er alle Arten von Uhren, die man sich nur vorstellen kann:

Große Uhren, kleine Uhren, Standuhren, Wanduhren, Armbanduhren, Taschenuhren, Großvateruhren, Quarzuhren, Batteriebetriebene, Kuckucksuhren – oh, er hatte einen besonderen Faible für Kuckucksuhren; zu jeder vollen Stunde schallte eine Kakophonie von Kuckucksrufen vom Dachboden her, sodass ein uneingeweihter Besucher aus Schreck schon einmal den Nachmittagskaffee über seine

Sonntagskleider verschütten konnte – Uhren mit Ziffernblättern, die im Dunkeln leuchteten, Uhren, die langsamer gingen als andere, schnellerlaufende Uhren.

Und dann gab es da noch seine Lieblingsuhr: Die rückwärtslaufende.

Ich habe ihn als kleiner Junge – in einem Anflug kindlichen Übermutes – einmal gefragt, wieso gerade diese seine Lieblingsuhr sei. Neunmalklug begründete ich meine Frage: »Sie hat doch keinerlei Nutzen: Sie ist weder besonders schön anzuschauen,« (war sie tatsächlich nicht: Es handelte sich um ein rundes, leicht vergilbtes, ursprünglich weißes, mit hellem Nussbaumholz berahmtes Ziffernblatt mit schwarzen Zeigern und schwarzen, römischen Ziffern; nichts Besonderes also, außer, dass sie eben rückwärts lief) »noch ist sie besonders wertvoll. Außerdem kann man nicht einmal die Zeit von ihr ablesen.«

Heute bin ich klüger und schäme mich ein wenig für meine Worte. Doch mein Großvater lächelte mich wissend an und erwiderte:

»Weißt du, mein Kind, das ist eine ganz seltsame Sache mit der Zeit. Was ist schon Zeit? Etwas von Menschenhand Geschaffenes. Eine Idee, die Dinge chronologisch ordnen zu können. Zahnräder und Schräubchen. Die Zeit will nicht gemessen werden. Keine meiner Uhren hier geht richtig. Nun gut, die Kuckucksuhren laufen alle gleich, weil ich ihre Symphonie gerne in der vollen Orchesterbesetzung genieße. Doch alle anderen gehen verschieden. Vielleicht ist diese hier die einzige, die so läuft, wie sie laufen soll.« Hierbei ging er auf seine Lieblingsuhr zu, hängte sie ab und streckte sie mir entgegen.

»Ist dir der Name Albert Einstein ein Begriff?«

Ich war vollkommen in das Ticken der Uhr, in die schnelle Bewegung des Sekundenzeigers, wie er auf dem Ziffernblatt rotierte, in die langsamere Bewegung des Minutenzeigers und in die scheinbar unendlich langsame Bewegung des Stundenzeigers versunken, sodass ich bei seiner Frage zusammenzuckte.

Ich hätte den Namen schon einmal gehört, erwiderte ich.

»Einstein war einer der größten, wenn nicht sogar der größte, Physiker des zwanzigsten Jahrhunderts. Doch hierum geht es mir jetzt nicht. Um was es mir gerade geht, ist bloß eine kleine, aber feine Randnotiz in seiner Biographie, für die meisten Menschen ein Trivium, wenn du so willst. Es heißt, Einstein habe nie eine Uhr getragen.«

»Und wieso? Dann kam er ja immer zu spät!«, wunderte ich mich mit zurückgefundenem kindlichen Übermut.

»Na ja, er war der Meinung, er brauche sie nicht. Das Leben ist schnell genug und von Terminen und Zeitplänen bestimmt. Der Mensch, der die Zeit, oder seine Vorstellung von der Zeit, geschaffen hat, um Dinge zu ordnen, muss sich ihr heutzutage unterwerfen. Er, der er der Herr über die Zeit sein will, ist nun ihr Knecht. Die Zeit ist Herr über den Menschen.«

»Das verstehe ich nicht so ganz.«

»Du wirst es eines Tages verstehen, glaube mir. Und dann wirst du dich an mein Gesagtes erinnern und mir vermutlich zustimmen. Doch nun noch einmal zu deiner eigentlich Frage nach meiner Lieblingsuhr: Sagen wir, manchmal wünscht man sich einfach, die Zeit würde rückwärts gehen.«

Und wieder dieses wissende Lächeln. Ich habe lange Zeit über sein Gesagtes nachgedacht.

Einige Jahre später starb mein Großvater. Und seine Uhrensammlung geriet scheinbar in Vergessenheit, außer für mich. Immer, wenn ich eine Uhr sehe, muss ich an ihn denken, erinnere mich an seine Worte – auch heute noch.

Als auch meine Großmutter starb und es darum ging, das Erbe unter ihren drei Kindern aufzuteilen, übernahm der Mann meiner Tante diese Aufgabe.

Wir Enkel wurden gefragt, ob es denn etwas gebe, das wir gerne hätten.

Ich wusste sofort, was ich wollte, nein, was ich brauchte. Um jeden Preis haben musste, um das Andenken an meinen Großvater zu wahren und sein Erbe weiterzuführen. Einer musste es tun – und ich war der Richtige.

Ich brauchte diese Uhren. Ich wollte mich erinnern. Ich war jedes Mal mit meinem Großvater auf dem Dachboden gewesen, wenn ich meine Großeltern besucht hatte. Jedes Mal habe ich dem Ticken gelauscht, wir beide. Zur Symphonie der Zeit konnten mein Großvater und ich so schön gemeinsam Schweigen. Uhren sind Erinnerung.

Was denn nun mit den Uhren auf dem Speicher geschehe, habe ich gefragt.

»Ach die alten Dinger?«, entgegnete man mir. »Die haben wir schon vor einigen Monaten verkauft. Haben erstaunlicherweise noch ein beträchtliches Sümmchen abgeworfen.«

Ich erstarrte.

Verkauft?! »Die alten Dinger«?!

»Auch seine Lieblingsuhr?«, stammelte ich.

»Er hatte eine Lieblingsuhr?« Verächtliches Lachen.

»Ihr Banausen! Was wisst ihr eigentlich?! Jahrelange Arbeit, jede Menge Schweiß und Herzblut haben in dieser Sammlung gesteckt! Wegen ein paar lumpigen Euro verscherbelt ihr das alles, ohne mit der Wimper zu zucken, obwohl ihr's sowieso nicht braucht?! Im Grabe würde er sich umdrehen, müsste er davon erfahren!«, hätte ich am liebsten gebrüllt.

»Ach so. Ja. Das wäre das Einzige, was ich gewollt hätte«, war das Einzige, was ich mühsam hervorbrachte.

»Ja, wie gesagt, *leider* verkauft …«

Abends in meinem Bett habe ich bittere Tränen des Verlusts geweint. Ich musste heute erfahren, dass das letzte Stück meines Großvaters Herzens verkauft worden war. Alles was mir bleibt, ist die Erinnerung an ihn, immer dann, wenn ich eine Uhr sehe.

Ich konnte ihnen das nie verzeihen.

Ein weiser Mann hat mir einmal gesagt: »Manchmal wünscht man sich einfach, die Zeit würde rückwärts gehen.« Damals habe ich es noch nicht verstehen können ...

... heute ist das anders.

POETRY SLAM WEITERSTADT:
NESH VONK

LYRIKTAGEBUCH /// 18.11.2012

Meine Straße
Bei Nacht
Nach Regen
Im gelben Schein der Stromsparlaternen
Sieht aus wie ein Unfall
Mit Sonnenblumenöl

Schleppgauben, mausgrau
Gebe mit Wörtern an, die ich gelernt habe
Schleppgauben sehen aus wie Augen
Wenn Schleppgauben Augenbrauen hätten
Dann hätten Schleppgauben
Schleppgaubenaugenbrauen

Draußen Rehe, Gelb und Klötze
Häuserklötze
Kirchenklötze
Architektur und so

Mache mir Gedanken über lachende Raketen
Sprengköpfe mit Gummibärchen drauf
Kläranlagen mit Schokolade überzogen
Ob man das merken würde
Habe Ideen bezüglich Ideen

Ästegewirr
Adern der Luft

Ersticken, erfrieren,
Werden starr im Himmel aus Glas
In Wolken aus Mehl
Wolken aus Milchbrühe

Meine Pflanze braucht Wasser
Ich brauche Meer
Kaufe Tabak
Im Schaufenster ein Plasma-Apparat
Der Fernseher der Zukunft
Nur leider kaputt, 01010345

Sehe Elektromüll
Elektro-Aas
Kühlschränke, Modernes von damals
Glotzkisten, Flimmerkästen, Glupschtuben
Format: 1:4
2 Meter im Quadrat
Völlig out, müssen raus
Völlig filigraner Müll

Nicht abstrakt, nicht konkret, keine Kunst
Trivial, kein Kanal
Mehr als perfekt
Suboptimal
Draußen, vor der Kegelbar
Ohne Strom, stummes Glas
Ohne Ton, Schrott im Gras

Sie raucht
Sie trägt SCHWARZ
Die Männer sehen ihr nach
Sie geht vorbei
Ich rauche
Und gehe auch

Das Gesicht der Verflossenen
Im weltweiten Netz
Krank und blass, mit Farbe drauf
Draufgeschossen
Stresspest
Der Putz, der bröckelt; die Lippen schmal
Die Augen fahl, so wässrig-traurig
Offensichtlich Kifferglanz
Das Kinn ist doppelt, die Bäckchen bauchig
Hart am Rand der Elephanz
Küssen wollen, Lachen hören
Ohren knabbern, glücklich fühlen
Kugeln, Gickeln, glockenhell
Mag nicht an sie denken

Vogel zu verschenken

Busse bahnen, Bahnen busseln
Dann NICHTS
Außer Nebel
Und 15 Meter Rüben
Wird wohl Herbst sein

Schädel kahl
Zumindest innen

Neblige Weiten und klare Engen
Auf Grün in Grau auf Wolken um mich
In Erde auf Regen in Luft und Hängen
Werden, empfangen und tragen sich

Krächzende Krähen und kohlschwarze Raben
Auf Rüben und Äckern und knarrenden Ästen
Auf Vogelscheuchen, die Kleider anhaben
Und ihre Blicke nach Westen tragen

Feuchtes Gras, nasses Licht, Tropfen an den Zäunen
Flügel schlagen, Mondgesicht, Flechten an den Bäumen
Pfoten tapsen, Augen leuchten, gelbe Zähne gähnen
Pelze, Haare, Krallen, Schnäbel; Felle träumen Seele

Bin nicht allein im Nebelfeld
Hör sie schlingern, rudern, schweben
Hör sie atmen, hecheln, leben
Hör sie lachen, reden, fragen –
Sobald mein Körper fällt
Wird er davongetragen

Will Ruhe haben
Ein Hund bellt
Terrier-Terror
Orang-Öltank
Wieder der Köter
Ich brülle zurück
Was will der denn?
Wasser trinken
Klavier spielen
Uhrzeit: dreiundzwanzigachtundvierzig
Und kein bisschen müde
Brauche Liebe
Werde Zucker essen

Einsamkeit frisst mich auf
Einsamkeit frisst mich
Einsamkeit frisst
Einsamkeit

Frikadelle weint
Will gegessen werden
Nee, die ist schon tot
Die heult nicht mehr

**POETRY SLAM WIESBADEN:
JEY JEY GLÜNDERLING**

HOLLISTER

Hollister ist eine Easy-Lifestyle-Surfer-Klamottenmarke aus Südkalifornien. *Hollister* ist teuer, scheiße und jetzt auch in Frankfurt. Ich rufe hiermit zum Boykott von *Hollister* auf.

Alles begann damit, dass ich doch einfach nur ein schönes T-Shirt haben wollte.

»Lass uns doch hier mal reingehen«, sagt Anna zu mir und zeigt auf einen Laden in der MyZeil, der wie ein Strandbungalow gestaltet ist. Das Geschäft heißt *Hollister*. Der Eingang wird von zwei Typen flankiert, die in Flipflops, Badehosen und Waschbrettbäuche gekleidet sind. Solche Jungs sind exakt der Grund, weshalb ich mir nie die Men's Health kaufe. Genau diese Typen chillen immer auf dem Cover mit ihren Überkörpern und lächeln mich arrogant mit halb geöffneter Hose an. Schon jetzt habe ich schlechte Laune und bereue jede Tiefkühlpizza meines Lebens.

»Welcome to the Pier«, begrüßt uns der eine Türsteher. Ich wäre jetzt gerne ein Kampfhund.

Wir gehen an einem billig-bunten IKEA-Kronleuchter, der aus irgendeinem Grund auf Kniehöhe hängt, vorbei und stehen in der Herrenabteilung, die hier »Dudes« heißt. Der Laden ist eng. Die Musik ist laut, richtig laut. Es ist dunkel. Es riecht überall nach billigem Parfum. Es ist wie im Puff. Schon kommt die erste Nutte auf uns zugeschossen. Ein typischer Men's-Health-Abonnent. Er sieht aus wie die Mischung aus der 2012er Version von Aaron Carter,

Casper, einer antiken Statue und Ken. Auch er hat die Badehose ein Stück zu weit nach unten gezogen und entblößt seinen Schammuskel. Sein Körper ist noch krasser als die der Türsteher. Neben ihm fühle ich mich nun endgültig wie ein Schneemann: mit kugelrundem Bauch und zwei mickrigen Stöcken als Arme.

»Yo guys, what's up? Ich bin Jack«, stellt er sich vor. Nie im Leben heißt der Jack. Maximal ist das ein Holger. »Was kann ich für dich tun?«, fragt er Anna, als würde er sie nach der nächsten Stellung fragen.

»Ich will ein T-Shirt«, entgegne ich. Es klingt mehr wie ein gepflegtes »Fick dich, du Hurensohn«. Jack grinst. Aus seiner Solariumsfresse blitzen die weißen Zähne, die mich daran erinnern, dass ich mal wieder zum Zahnarzt müsste. Jack lässt seinen linken Brustmuskel drei Mal zum Takt der Musik hüpfen wie Titten auf einem Trampolin.

Um diesen Achte-Klasse-Angeber aus dem Konzept zu bringen, entscheide ich mich, ihn zu siezen: »Jack, welche Größe würden Sie mir denn empfehlen?« Es klappt nicht. Jack mustert mich lediglich von oben bis unten mit einem Blick, der sagt: »Krass, ich bin dir tatsächlich in allen körperlichen Belangen überlegen.« Ich ziehe meinen Bauch ein, Jack bemerkt es. »L«, meint er daraufhin. »Deine scheiß Mutter ist L!«, grummle ich in mich hinein.

Aus Prinzip nehme ich mir ein blaues T-Shirt in M. Jack wendet sich jetzt endlich anderen Kunden zu. Anna schaut ihm hinterher, ich tue, als hätte ich es nicht bemerkt und ziehe den Vorhang der Umkleidekabine zu. Doch er reicht nicht bis zur Wand. Es scheint eine weitreichende Verschwörung zu sein, dass man mittlerweile in fast alle Umkleidekabinen von außen reingucken kann. Also zwänge ich mich schnell in das T-Shirt, denn ich will Anna da draußen nicht mit Jack alleine wissen. Als ich aus der Umkleide trete, muss ich an eine Zeile von Kool Savas denken: »My man, ich kann nichts dafür, dass jeder mich hört! My man, guck, du blamierst dich wie ein zu enges Shirt!« Jack scheint diese Zeile zu kennen, denn er steht schon triumphierend mit der Größe L im Anschlag deutlich zu nah an Anna.

In diesem Moment verstehe ich den Protagonisten aus Fight Club, der den neuen, hübschen Blonden komplett zu Brei schlägt und danach sagt: »Ich musste einfach etwas Schönes zerstören.« Ich finde, dass Jack diesem Blonden aus Fight Club auch erstaunlich ähnlich sieht. Der Neid macht mich rasend. Als ich das L-Shirt aus seiner Hand nehme, hindern mich lediglich meine gute Erziehung und die juristischen Konsequenzen daran, hier nicht zum Wildschwein zu werden und ihm mit Anlauf den Kopf voll in die Eier zu rammen. Zurück in der Kabine beiße ich vor lauter Wut eine Naht auf, danach gebe ich Jack das Shirt zurück mit dem Kommentar es gefiele mir doch nicht so gut. Als ich mich am Ausgang noch einmal umdrehe, um auf den Boden zu spucken, sehe ich, wie Jack mit aufgesetztem Smiley-Face zu der Hollister-Musik tanzt, als hätte der diesen muttergefickten Endlos-Loop nie zuvor gehört. Und dann sehe ich am Türrahmen auch noch Jacks Autogrammkarte in einem kitschigen Goldrahmen hängen.

Ich merke, dass ich nicht mehr kann. Mein Kopf brennt, meine Haut wird gläsern. Meine Seele sprintet zurück in die Mitte des Ladens und explodiert als Molotow-Cocktail, während Anna und ich wieder auf die Straße treten. Durch das Sirenengeheul frage ich sie: »Fandst du diesen Jack etwa heiß?« Natürlich will ich hören: »Was? Spinnst du? So einen affektierten Sunny Boy doch nicht!« Stattdessen bekomme ich als Antwort ein vieldeutiges »Och ...«

Ich fühle mich niedergeschlagen, minderwertig, labbrig und leer. Deshalb rufe ich Haftbefehl an, wie immer, wenn es mir schlecht geht. Er wird ein paar Jungs schicken, die Jack nach der Arbeit auflauern. Das Geschäft wird bis auf die Grundmauern niederbrennen. Hollister wird die Schutzgeldforderungen nicht zahlen können. Doch ändern wird dies nichts. Die Entwicklung ist angestoßen, dass die Models aus der Werbung, von den Plakaten und aus den Fernsehern steigen und beginnen uns zu bedienen. Es sind die schönsten Sklaven, die diese Welt je erblickt hat, und wir müssen sie irgendwie stoppen.

WEITERE STARTER

Kroneslam Darmstadt: Jule Weber (siehe »Champions«)
Poetry Slam Flörsheim: Samuel Kramer (siehe »Champions«)
Poetry Slam Gießen: Marvin Ruppert (siehe »Champions«)
Poetry Slam Marburg: Bo Wimmer (siehe »Classics«)
Poetry Slam Wetzlar: Stefan Dörsing (siehe »Classics«)

DIE SLAMS

Eine Komplettübersicht aller hessischen Poetry Slams – mit Kurzbeschreibungen der Veranstalter.

POETRY SLAM BAD HOMBURG

Seit 2012 veranstaltet Jean Ricon die Poetry Slams in Bad Homburg. Anfangs noch im kleinen Café, füllt das bühnenliterarische Konzept nun die Hallen des Jugendkulturzentrums e-Werk der Kurstadt. Halbjährlich sicher und unvorhersehbar unregelmäßig mischt der Dichterwettstreit Bad Homburgs »Champagnerluft und Tradition« neue Noten von Bier, Club Mate, Fünf-Tage-Toursocken und Revolution bei. Mit Sitzplätzen für achtzig Menschen und Barbetrieb ist die von dem Magistrat der Stadt Bad Homburg geförderte Veranstaltung ein gemütliches, schunkliges Erlebnis auf jedem Slammertrip durch Hessen.

Moderation und Ansprechpartner: Jean Ricon
Kontakt: SlamBadHomburg@gmail.com
Web: https://www.facebook.com/SlamBadHomburg
Taktung: halbjährlich plus unregelmäßige Specials

DICHTERSCHLACHT DARMSTADT

Gibt's seit 2001
Findet in der Centralstation statt
Dahinter steckt Oli Gaußmann
Im Netz: http://www.dichterschlacht.de

Die Dichterschlacht Darmstadt ist der beste Poetry Slam in Hessen. Seine lange Tradition, die hohen Decken und der Abstimmungsmodus sorgen für beste Unterhaltung. Die Zeitungen geben uns tolles Feedback. Wäre der Slam ein Fußballverein, dann wäre er Borussia Dortmund. Genau wie beim Poetry Slam in Hamburg fanden hier 2003 die bisher einzigen deutschsprachigen Poetry-Slam-Meisterschaften in Hessen statt. Irgendwann wird es die wieder geben, wahrscheinlich in Frankfurt. Neben dem Slam in der Centralstation gibt es noch andere tolle Veranstaltungen, z.B. die 2Dichternacht im Schlosskeller.

KRONESLAM DARMSTADT

Der Kroneslam ist einer der jüngeren Slams der hessischen Slamlandschaft, doch das merkt man gar nicht. Bereits nach den ersten Slams kam es allen Beteiligten so vor, als hätte es ihn schon immer gegeben. Dies kann vielerlei Gründe haben: Vielleicht, weil die Goldene Krone das älteste Haus Darmstadts ist und als Mehrzweckkneipe mit traditioneller Bühne einen Slam nur noch gebraucht hat; vielleicht weil das Team aus alteingesessener Slamrabauken besteht; vielleicht, weil Darmstadt einfach einen monatlichen Slam im urigen Stil noch gebraucht hat. Man weiß es nicht. Was man weiß: einmal im Monat wird vor vollem Haus gekrönt – und das in wörtlichem Sinne.

Taktung: Jeden ersten Samstag im Monat
Moderation: Tilman Döring und Dominique Macri
Kontakt: http://www.kroneslam.de

POETRY SLAM ESCHWEGE

Der unvergleichliche Wohnzimmerslam im ehemaligen Zonenrandgebiet. Hier stehen fünfjährige Naturtalente neben Slamweltmeistern auf der Bühne und siebzigjährige NewcomerInnen messen sich mit den Slamgrößen des deutschsprachigen Raums, moderiert vom sagenhaften Felix Römer.

Die rote Wurst ist ein Geheimtipp, die Gurtmanngewürze zum Holzofenbrot auch, von den Sesseln und Sofas ganz zu schweigen. Aftershowparty mit Scrabble und Restetrinken, Übernachtung auf dem Dachboden, Familienanschluss an die wunderbare Schlüsselbumencommunity, im Sommer Lagerfeuer im Hof, im Winter Kuscheln am Ölofen. So unbeschreiblich, dass man es selbst erlebt haben muss!

Kontakt: info@schluesselblume-eschwege.de
Taktung: 4× pro Jahr

»DICHTER IN DER WORTSCHLACHT« FLÖRSHEIM/MAIN

Durch das Interesse der Stadt Flörsheim am Main und die Mühen von Haidi Schilling und Christian Kunesch des Magistrates gab es den Beschluss, die Förderung eines regulären Poetry Slams ins Leben zu rufen. Durch diese Möglichkeit tummeln sich gleichsam Slammer wie Zuschauer in den Gewölben des ausverkauften Flörsheimer Kellers. Abgesehen von selbstverständlich guter Atmosphäre und Stimmung sei erwähnt, dass die Bühne wohl so aussieht wie Elmo von der Sesamstraße, weswegen es traditionell einen Kuschelelmo mit Mikrophon zu gewinnen gibt.

Moderation und Ansprechpartner: Benedict Hegemann
Kontakt: info@benemitc.de
Web: https://www.facebook.com/PoetrySlamFloersheim
Taktung: 3× im Jahr
Veranstaltungsort: Flörsheimer Keller

POETRY SLAM DELUXE FRANKFURT

Gibt's seit 2009
Findet im English Theatre statt
Dahinter steckt Lars Ruppel
Im Netz: http://www.english-theatre.org

Der Poetry Slam Deluxe Frankfurt ist der beste Poetry Slam in Hessen. Sein moderater Eintrittspreis, die kühlen Getränke an der Bar und seine Sitze sorgen für größten Komfort. Lars gibt sich selber tolles Feedback. Wäre der Poetry Slam Deluxe ein Slammer, er wäre Bo Wimmer. Genau wie beim Poetry Slam in Gießen gibt es hier kein Backstagecatering. Später wird es das geben, wenn Lars nach Frankfurt zieht. Das English Theatre ist ein gutes Theater vor großen Hochhäusern.

»SLAMFFM« FRANKFURT

Der *poetry slam! frankfurt* an der Fachhochschule Frankfurt ist der älteste existierende Poetry Slam in Hessen. Seit 1998 gibt es monatliche Veranstaltungen an der FH, erste Poetry Slams hatte der Frankfurter Autor und Sound Poet Dirk Hülstrunk schon 1996 im Club Voltaire veranstaltet. Moderiert und organisiert wird der heutige Slam – eine Veranstaltung mit offener Leseliste – von Dirk Hülstrunk und Jürgen Klumpe im Café1 an der FH Frankfurt. Anmeldung online über www.slamffm.de. Zahlreiche Special Guests aus den USA und anderen Ländern.

In Frankfurt gibt es neben dem monatlichen Poetry Slam unregelmäßig Slam Specials mit ausgesuchten überregionalen und internationalen Gästen sowie Sonderveranstaltungen an anderen Locations. Unter anderem geht der *poetry slam! frankfurt* im Sommer beim Theaterfestival »Sommerwerft« und dem Museumsuferfest Frankfurt Open Air. Ein Mal im Jahr gibt es einen Jazz Poetry Slam mit der Gießener Band Cameleon.

»WO IST HOLA?« FRANKFURT

»Wo ist Hola?« ist einer der jüngeren unter den Frankfurter Slams – seit Ende 2013 bietet er Freunden des gesprochenen Wortes Zuflucht. Der Titel der Veranstaltung greift den Frankfurter Ausdruck für den Schutzraum beim Fangenspielen auf. Die eingeladenen Slammerinnen und Slammer aus dem gesamten deutschsprachigen Raum ergänzen »Hola« dann um »Haus« oder »Wupp«. Dalibor Marković, Kopf und künstlerischer Leiter von »Wo ist Hola?«, wählt acht professionelle Poeten aus, die in zwei Gruppen auf sankt peters Bühne stehen. Freundlicherweise muss keiner der Slammer den ersten Schritt wagen, das übernimmt vielmehr der featured poet, der mit Stimme und gerne auch Instrument den Anfang macht. »Wo ist Hola« findet alle 2–3 Monate statt, die aktuellen Termine findet man unter www.sanktpeter.com und auf facebook. Veranstaltungsort ist sankt peter, eine Veranstaltungskirche in der Frankfurter Innenstadt.

Kontakt: hola@sanktpeter.com

POETRY SLAM FRIEDBERG

Poetry im Pastis, das ist der traditionsreichste und älteste regelmäßige Poetry Slam des Kreises. Seit Jahren finden hier Dichterwettstreite statt, die Poetinnen und Poeten aus ganz

Europa anlocken. Das französische Bistro ist ein Magnet für die künstlerische Boheme der Wetterau und darüber hinaus. Der Charme provencialer Lebensfreude trifft hier auf eine deutliche 68er-Attitüde. In diesem scheinbaren Spannungsverhältnis, das der Wirt NouNou wie kein anderer verkörpert, gedeiht der Samen für eine Veranstaltung, die Ihresgleichen im weiten Umkreis nicht findet. Moderiert von Elisa Scaramuzza treffen sich alle zwei Monate ein Dutzend Dichterinnen und Dichter in Friedberg und präsentieren sich einem lyrikverwöhnten Publikum. Seit dem Jahr 2014 gipfelt Poetry im Pastis in der Friedberger Stadtmeisterschaft im Poetry Slam, die sich als Kreismeisterschaft versteht, sich aber auch hessischen WortkünstlerInnen außerhalb der Wetterau öffnet.

Moderation und Ansprechpartnerin: Elisa Scaramuzza
Kontakt: friedberg@poetry-slam-wetterau.de
Web:
http://friedberg.poetry-slam-wetterau.de
https://www.facebook.com/slamfriedberg
Taktung: 6× jährlich, in jedem ungeraden Monat des Jahres

POETRY SLAM FULDA (KREUZ)

Poetry Slam Fulda
Gibt's seit 2013
Findet im Kreuz Fulda statt
Dahinter steckt Lars Ruppel
Im Netz: http://www.kreuz-fulda.net

Der Poetry Slam im Kreuz Fulda ist der beste Poetry Slam in Hessen. Seine Werbung, seine Internetpräsenz und seine Gesamtorganisation sorgen für professionelle Außenwirkung. Der Bürgermeister gibt uns tolles Feedback. Wäre der Slam ein Slam, dann wäre er der Poetry Slam im English Theatre Frankfurt. Früher war der Poetry Slam in Fulda ganz ganz woanders und wurde von der tollen Flora Fröhlich gemacht. Die ist aber weggezogen. Neben den Slams in Marburg, Gießen, Frankfurt und Darmstadt moderiert Lars diesen Slam am liebsten. Das dürfen die in den anderen Städten aber nicht wissen.

POETRY SLAM FULDA (IDEAL)

Die ersten steinzeitlichen Siedlungen im Gebiet um Fulda werden auf 5000 v. Chr. datiert. Der Zerfall des Römischen Reichs verschob das Machtzentrum Mitteleuropas Richtung Franken, dann geschah lange nichts, dann kam Poetry Slam. Viel davon.

Seit April 2012 veranstalten Jean Ricon und Benedict Hegemann jeden dritten Donnerstag im Monat den Poetry Slam Fulda im Ideal. Die Veranstaltungen sind regelmäßig ausverkauft und voll besetzt, die Stimmung geht schnell durch die Decke und die Location ist ein barocker Traum in Neonfarben.

Das Restaurant-Café Ideal liegt zentral, kaum zehn Gehminuten vom Bahnhof, und ist bekannt dafür, seinen Gästen und den antretenden Wortgladiatoren eines der besten Caterings zu servieren, das auf weiter Flur gefunden werden kann.

Moderation und Ansprechpartner:
Jean Ricon & Benedict Hegemann
Kontakt: PoetrySlamFulda@gmail.com
Web: https://www.facebook.com/PoetrySlamFulda
Taktung: Jeden dritten Donnerstag im Monat

POETRY SLAM GIESSEN

Poetry Slam im Jokus Gießen
Gibt's seit 2008
Findet im Jokus statt
Dahinter steckt Lars Ruppel
Im Netz: http://www.jokus-giessen.de

Der Poetry Slam Gießen ist der beste Poetry Slam in Hessen. Sein künstlerisches Niveau und seine Atmosphäre sind einzigartig. Die Zuschauer geben uns tolles Feedback, in Schulnoten meistens eine gute 2. Wäre der Gießener Poetry Slam eine Stadt, dann wäre er Gießen. Genau wie beim Poetry Slam Marburg gibt es hervorragendes Backstagecatering, denn Larses Mutter kocht eigenhändig. Früher gab es das nicht, da wohnte Lars noch in Gambach und war viel zu jung, um Slams zu moderieren. Das Jokus ist hübsch! Früher war der Gießener Slam im MuK und war ein monatlicher Jazz Poetry Slam.

POETRY SLAM HANAU

Der erste Hanauer Poetry Slam fand am 26. September 2010 im Kulturzentrum Hans Böckler Haus statt – und seitdem alle zwei Monate mit musikalischer Begleitung der jeweiligen Songslam-Gewinner in der Kneipe am Brückenkopf. In diesem September findet nun der 25. Hanauer Poetry Slam statt. Besondere Highlights waren der 2. Hanauer Poetry Slam am 26.02.2011 im Comoedienhaus im Kurpark Wilhelmsbad und die jährlichen Slams auf den beiden großen Hanauer Straßenfesten Lamboyfest und Bürgerfest, sowie dem Hanauer Kultursommer. Unvergesslich auch der Slam gegen Rechts im März 2014. Hinter dem Hanauer Poetry

Slam stecken im Ursprung Lea Leimann (Organisation und Leckereien), Dominique Macri (Moderation und Booking) sowie Lukas Schobert (Veranstaltungsorga und Technik). Ein kleiner Slam, der zwar wenig Geld zur Verfügung hat – aber durch sauviel Liebe und Energie sein Publikum begeistert. Im Netz auf www.facebook.com/hanauerpoetryslam.

POETRY SLAM HERBORN

Über 1 000 Besucher haben den Herborner Dichterwettstreit in der schönen Fachwerkstatt in seinem ersten Jahr schon gesehen. Bei gerade einmal 6 000 Einwohnern nicht schlecht. Im Schnitt besuchen 300 Zuschauer den Slam in der Kulturscheune. Auf der Bühne geben sich Legenden und Titelträger genauso die Ehre wie Lokalmatadore. Nicht nur wegen seines grandiosen Publikums und der wundertollen Location mehr als ein Geheimtipp: Die KuSch verleiht jährlich hochdatierte Kleinkunstpreise und hält auch bei Slams immer die Augen und Ohren offen. Zu einem besonderen Slam wird Herborn, weil regelmäßig eine Handvoll Schülerinnen und Schüler eines Deutsch-Leistungskurses unter Anleitung und außerhalb des Wettbewerbs Texte vortragen, die in der Psychiatrie von kranken Kindern geschrieben wurden. Auch ein Deaf-Special gab es schon. Herborn ist damit wohl einer der außergewöhnlichsten Slams und findet in der kleinsten Slam-Hochburg der Welt statt. So gibt es gleich vier Locals und eine enge Zusammenarbeit mit Schreibwerkstätten. »Slam bringt hier die Generationen, psychisch Kranke, Menschen mit Behinderung und Menschen ohne Beeinträchtigung zusammen« (Sascha Kirchhoff und Andreas Klein, Veranstalter).

POETRY SLAM KARBEN

Der Poetry Slam in der Kulturscheune Karben findet seit 2011 zwei- bis dreimal pro Saison statt. Anstoß war einst ein Schulfest an der Karbener Kurt-Schumacher-Schule. Dank der großen Begeisterung des Publikums und der Organisatoren zog der Slam kurz darauf in die Kulturscheune des Jugendkulturzentrums um. In gemütlicher Atmosphäre finden dort bis zu 100 Zuschauer Platz. Aufgrund seines Ursprungs zeichnet sich der Karbener Slam nicht nur durch prominente Gäste aus der Szene aus, sondern verknüpft dies immer wieder mit Newcomern aus der Region. Auf der großen Bühne können diese erste Bühnenluft schnuppern, ohne auf die Gemütlichkeit und Heimeligkeit der entspannten Scheunenatmosphäre verzichten zu müssen. Dank des Einsatzes der Organisatoren Dominik Rinkart und Lukas Braunroth sowie des Fördervereins der Kurt-Schumacher-Schule mit seiner Vorsitzenden Nicola Piesch hat sich das ehemalige Schulprojekt schnell in der hessischen Poetry-Slam-Landschaft etabliert.

Moderation und Ansprechpartner: Dominik Rinkart
Kontakt: karben@poetry-slam-wetterau.de
Web:
http://karben.poetry-slam-wetterau.de
https://www.facebook.com/PoetrySlamKarben
Taktung: 2-3× pro Saison

SLAMROCK KASSEL

Der Slamrock Poetry Slam ist der nördlichste in Hessen. Monatlich trinken Moderator Felix Römer und musikalischer Leiter DJ Zauberer von Ös zu Beginn der Veranstaltung auf die Liebe, das Leben und was gerade so anliegt, Sekt aus der Flasche. So funktioniert dieses Kleinod der Slamwurzeln. Aus vollem Herzen immer ein bisschen zu viel und ein bisschen an allem vorbei und dadurch direkt ins Herz. Das ist Rock'n'Roll und das ist ehrlich und darum perfekt. Die Kulturfabrik Salzmann e.V. und das absolut euphorische nordhessische Publikum setzen dem ganzen die Krone auf.

Kontakt: Slamrock@felixroemer.de

POETRY SLAM LORSCH

Seit 2010 kann sich der Poetry Slam in Lorsch an der Bergstraße als ein ganz besonderes Kleinod der hessischen Slamlandschaft verstehen, nicht zuletzt wegen der wunderbaren Gastgeber, Hans-Peter Fohnmeyer und Sylvia Rink vom Sapperlottheater. Das Sapperlottheater, eine traumhaft schöne Bühne, bestehend aus einer alten Tabakscheune und einem Idyll von Innenhof, bietet regelmäßig 130 Sitzplätze und ausgiebiges Essen für die Slammer. In den Sommermonaten findet der Slam im Innenhof statt und es wird frische Steinofenpizza serviert. Zusätzlich gibt es seit 2013 einen fahrbaren Vorhang, der sich bei Zeitüberschreitung automatisch zwischen den Poeten und das Publikum schiebt.

Moderation und Ansprechpartner: Tilman Döring
Kontakt: tilmandoering@gmx.de
Web: http://www.sapperlottheater.de
Taktung: 3× pro Spielzeit

POETRY SLAM MARBURG

Poetry Slam im KFZ Marburg
Gibt's seit 2005
Findet im Kulturladen KFZ statt
Dahinter stecken Lars Ruppel und Bo Wimmer
Im Netz: http://www.kfz-marburg.de

Der Poetry Slam Marburg ist der beste Poetry Slam in Hessen. Seine Moderation und seine Rahmenbedingungen sind optimal. Die Zuschauer geben uns hervorragendes Feedback, auf einer Skala von 1 bis 10 meisten eine 8,5. Wäre der Marburger Poetry Slam ein Getränk, dann wäre es ein richtig guter Kamillentee. Meistens gehen die SlammerInnen danach noch was essen, da es kein Backstagecatering gibt. Früher gab es das, aber Lars wohnt jetzt in Fulda, da ist es mit dem Kochen vor dem Slam schwierig. Das KFZ zieht bald in einen größeren Laden.

»ONE NIGHT SLAM« MÜHLHEIM/MAIN

Auf dem Gelände der ehemaligen Firma Stahl-Schanz findet man nun seit einigen Jahren, initiiert durch den Betreiber der Gastronomie »Main-Schwein-GmbH« und den Programmveranstalter »kulturfabrik eigenArt e.V.«, die Kulturhalle Schanz. An diesem Ort findet neben Kleinkunst, Kabarett und Konzerten seit 2013 auch der Poetry Slam statt, der von Benedict Hegemann ins Leben gerufen wurde. Fantastische Poetry Slammer aus ganz Deutschland kommen in jener Kleinstadt mit gerade mal 25 000 Einwohnern in das wunderschöne Ambiente der Kulturhalle.

Modeation und Ansprechpartner: Benedict Hegemann
Kontakt: info@benemitc.de
Web: https://www.facebook.com/OneNightSlam
Taktung: 3× im Jahr
Veranstaltungsort: Kulturhalle Schanz

POETRY SLAM REICHELSHEIM

Seit dem Jahr 2011 findet auch im Herzen der Wetterau ein Poetry Slam statt. Der Veranstaltungsort, das Bistro Cockpit, ist bereits für Veranstaltungen unterschiedlichster Art überregional bekannt, von gemeinsamen Sporterlebnissen auf Großleinwand bis hin zu Volleyballturnieren, von Poker- über Dartturniere, von Lesungen bis hin zu kleinen Theateraufführungen. Organisator Andreas Arnold konnte mit dem Dichterwettstreit eine kulturelle Nische auf dem Land füllen, die mittlerweile nicht nur von einem treuen Stammpublikum geschätzt wird, das regelmäßig für den Ausverkauf sorgt, sondern auch eine lokale Künstlerszene beleben konnte. Alle zwei Monate treffen sich bis zu zwölf Wortkünstler und Sprachakrobatinnen aus dem gesamten deutschsprachigen Raum zum Dichterwettstreit um die Gunst des Publikums. Dank zahlreicher lokaler Sponsoren sind Fahrtgeld und freie Kost und Logis auch für Weitgereiste nie ein Problem. Mittlerweile treten auch lokale Musiker im Vorprogramm auf, sodass der Reichelsheimer Poetry Slam inzwischen eine ganzheitliche Künstlerförderung für sich verbuchen kann. Im August jeden Jahres findet das Open-Air-Saisonfinale im Beach Club des Bistros statt, das regelmäßig Besucherzahlen in das kleine beschauliche Wetterauer Städtchen lockt, die sich durchaus vor Besucherzahlen städtischer Dichterwettstreite nicht zu verstecken brauchen. Poetry Slam funktioniert nicht nur in Großstädten. Wer es nicht glaubt, kann sich in Reichelsheim des Gegenteils überzeugen lassen.

Moderation und Ansprechpartner: Andreas Arnold
Kontakt: reichelsheim@poetry-slam-wetterau.de
Web:
http://reichelsheim.poetry-slam-wetterau.de
https://www.facebook.com/poetryslam.reichelsheim
Taktung: 6× jährlich in jedem geraden Monat des Jahres

POETRY SLAM RODGAU

»Ja, dann machen wir halt mal Kultur, Gerd.« So oder so ähnlich stellt man sich Gespräche an einem frühen Freitagabend auf dem Dorf vor, wenn es darum geht, einmal dem Skatspielen im Schützenhaus zu entgehen. Aber wie definiert sich denn Kultur im suburbanen oder teilruralen Raum irgendwo im hessischen Nirgendwo genau? Der Rodgauer Poetry Slam entstand aus der Initiative einiger junger Menschen heraus, die sich schon länger gegen die Eintönigkeit in ihrem Wohnort, Rodgau, engagieren und versuchen, Alternativen zum alljährlichem Weinfest oder dem Treiben der freiwilligen Jugendfeuerwehr zu bieten. Der Rodgauer Poetry Slam existiert seit 2011 und bietet jedes Quartal jungen Poet_innen die Möglichkeit, sich und ihre Arbeit einem kleinen, aber sehr buntem Publikum, von Oma Else bis hin zur kleinen Neele, zu präsentieren. Von deutschen Meistern im Dichterwettstreit bis hin zu absoluten Newcomern haben sich auf der kleinen Bühne des OpenStage e.V. schon viele einmal oder auch immer wieder erprobt. Rodgau bietet, obgleich der stark schwankenden Besucher_innenzahl, immer wieder Slammer_innen wie Gästen eine gemütliche Atmosphäre und ein ambitioniertes Team aus Organisator_innen, Moderation und Technik. Man ist vielleicht nicht hip, und den Latte Macchiato mit fettfreier Sojamilch bekommt man dort auch nicht, aber die Moderatoren Kadda Kannmichmal und Dennys mit Ypsilon sorgen bei Teilnehmern und Gästen stets für volle Schnapsgläser, damit ja auch der Abend nach dem Slam allen immer im Gedächtnis bleibt. Oder eben nicht.

POETRY SLAM WEITERSTADT

Großes Kino vor kleiner Leinwand: Der Poetry Slam Weiterstadt findet seit September 2012 alle zwei Monate im Kommunalen Kino statt und zeichnet sich durch die wohl gemütlichsten Sitzgelegenheiten bei einem hessischen Slam aus. Offen für Rookies und alle, die es werden wollen.

Moderiert von Egon Alter
Kontakt: vorsprechtermin@gmx.de / egon.alter@web.de

POETRY SLAM WETZLAR

Der Poetry Slam in Wetzlar findet immer am ersten Sonntag im Monat im Kulturzentrum Franzis statt. Organisiert und moderiert wird der Slam von Stefan Dörsing und Matthias Adams. Das Catering für die Slammer besteht meistens aus Couscous Salat und Bier. Die Unterbringung ist definitiv nicht unter der Brücke, sondern in einer geräumigen Wohnung in der niedlichen Altstadt.

Sonstige Infos sowie Anmeldungen & Kontakt unter:
https://www.facebook.com/wetzlarslam

WILDE WORTE WIESBADEN

15 Jahre und kein bisschen leise.

In den Endzügen des letzten Jahrtausends wurden die alternativen Literaturveranstaltungen in der Räucherkammer des Wiesbadener Schlachthofes erstmals durchgeführt. Zu Beginn hatten die Veranstaltungen der Wilden Worte, die später den Verein »Where the wild words are e.V.« gründeten, Überlänge. Jeden letzten Mittwoch im Monat, bis heute der feste Veranstaltungstermin, gab es Lesungen mit jungen Schriftstellerinnen und Schriftstellern und im Anschluss die ersten Poetry Slams Wiesbadens, teilweise bis zwei Uhr morgens. Die Veranstaltungsreihe entwickelte sich zu einem festen Programmpunkt, nicht nur im Schlachthof, auch im Literaturbetrieb der Landeshauptstadt und ihrer Umgebung.

Unbekannte Autoren, die später zu Weltruhm aufsteigen sollten, gaben sich die Klinke in die Hand, z.B. Thea Dorn und Feridoun Zaimoglu. Stars der deutschen Slam-Szene taten erste Schritte in Wiesbaden, bevor sie auszogen, den deutschsprachigen Slam zu erobern.

Auch heute herrscht beim Wiesbadener Poetry Slam immer noch eine besonders familiäre Atmosphäre. Selbst wenn der Zahn der Zeit an uns nagt, organisiert unsere Gruppe monatlich und darüber hinaus Veranstaltungen und lässt die Moden der gehypten Literaturlandschaft freundschaftlich winkend an sich vorbeiziehen.

Kontakt:
aktuell: https://www.facebook.com/wildeworte
nostalgisch: http://www.wtwwa.de
Booking: Vera Sauer (wildeworte@gmx.de)
Moderationsversuche: Hendrik Harteman & Jens Jekewitz